Ein Gruß aus dem Küperlihof!

Alles Liebe!

Deine Gudrun

D1933648

Wolf · So wird mein Herz nicht alt

So wird mein Herz nicht alt

Erinnerungen aus dem Reisesack

von

Richard Wolf

Friedrich Bahn Verlag
Konstanz

Umschlagbild und Titelillustration:
Uta Seier-Maltz, Oberhof (Schweiz)

1. Auflage
© 1981 by Friedrich Bahn Verlag GmbH, Konstanz
Satz und Druck: MZ-Verlagsdruckerei, Memmingen
Bindearbeiten: Georg Gebhardt, Ansbach
Printed in Germany
ISBN: 3762117101

INHALT

An dich, du wunderbare Welt,
Du Schönheit ohne End,
Auch ich schreib meinen Liebesbrief
Auf dieses Pergament.

Gottfried Keller

„Grazie", sagen die Italiener, „Molto grazie!", wenn sie sich bedanken. Es klingt wie Musik. Mozart hat es oft in seine Partituren geschrieben: „Con grazia". „Mit Anmut". Und ist es nicht so, daß der Dankende ein anderes Gesicht hat als der, der fordert? Als lasse er einen Lichtstrahl aus sich heraus.

Nicht weit vom italienischen „Grazie" sind ja die drei Göttinnen der Anmut und Schönheit. Es sollte mich nicht wundern, wenn auch die Dankbarkeit von ihnen herkäme.

„Danke!", heißt es im Deutschen. Kein musikalisches, kein schwebend leichtes Wort, denn es ist verwandt mit „denken". Kann es wohl eine Sprache geben, die so ein Wort, so eine bequeme Brücke von einem zum andern, nicht kennt, nicht besitzt? Ich glaube nicht. Danken ist doch die Antwort auf alles, was uns freut und hilft. Auch dem Ärmsten kann es daran nicht ganz fehlen.

Es gibt die Freude, die uns entgegenspringt wie ein Kind, wir brauchen nur die Hände auszustrecken. Es gibt die Freude, die unerkannt neben mir herwandert, oft ein halbes Leben lang, ehe mir die Augen aufgehen, – wie es auch den Mitmenschen gibt, den wir noch niemals richtig angeschaut haben, eilig, wie wir sind. Und seltsam: was uns wie Ungemach anmutete, zeigt erst nach Jahr und Tag sein wahres Gesicht, das des Wohltäters. „Wir erfahren erst im Alter, was uns in der Jugend begegnet", las ich bei dem großen Danksager Goethe.

Von dem allen ist auf den nächsten Seiten die Rede, von Blumen, Tieren und Menschen, von der weiten Welt und dem Frieden der engen Stube. Nicht von allem. Wollte ich aufzählen, was mich gefreut und mir weitergeholfen hat, wäre des Dankens, des „Molto grazie", kein Ende.

PASSIFLORA BLAU

Wer mit Blumen lebt, die noch in der Erde stehen, nicht in der Vase, ist niemals allein. Leichter als mit Menschen und fast so gut wie mit Tieren läßt sich mit ihnen reden, denn sie hören zu. Niemals sind sie zerstreut, greifen nicht zur Zigarette oder zum Glas. Erzähle ich ihnen etwas, fallen sie mir nicht ins Wort. Sie sagen nicht: „Genau!", auch nicht: „Kenne ich, kenne ich alles". Sie hören zu.

Sie haben ja auch Zeit; denn mit ihrem Da-Sein fingen die Pflanzen früher an als wir, etliche Millionen Jahre früher, wie es heißt. Was uns fehlt oder abhanden kam, ist in ihnen reichlich gespeichert, Geduld und Schweigen. Sie verreisen auch nicht, ziehen nicht um, es sei denn, der Mensch schleppt sie von einem Fenster zum andern. Das lieben sie nicht. Sie mühen sich dann, auch am falschen Platz weiterzuleben. Wenn das nicht gelingen will, zeigen sie dir ihre kümmernden Gliedmaßen, blikken dich durchdringend an, bis du den

Irrtum bemerkst. Draußen nämlich, wo sie zu Hause sind, hat jedes seinen Ort auf Lebenszeit. Wo sie zur Welt kamen, hören sie auch auf zu sein. Sonne und Mond finden sie immer am gleichen Platz.

Unsere blaue Passionsblume hat gegen ihren Standort nichts einzuwenden. Im Rücken die Kletterstangen, überblickt sie alles, was um sie herum in Töpfen lebt, die mexikanischen Schiefteller und die junge, stachlige Opunzie, die ‚Schwiegermutterzunge', wie die Bulgaren sie nennen.

Die jetzt hochzeitlich blühende Passiflora traf vor drei Monaten mit der Post ein. Auf dem durchfeuchteten Papierbeutel stand: Muster ohne Wert. Das schien richtig zu sein; denn was wir herauszogen, dieses kümmerliche Stückchen Pflanze, war auf der langen Reise wohl gestorben. Wir setzten es trotzdem ein, gaben ihm einen Platz mit viel Licht. Erst nach Tagen nahmen die beiden einzigen Blätter, fünfteilig und von strenger Symmetrie, Haltung und Farbe an. Hinter den kaum fingerlangen Stengel stellten wir ein gläsernes Gitter. Die Passionsblume ist ja ein Kletterer. Es vergingen jedoch mehrere Wochen, ehe sie an so etwas dachte. Bis dahin hatte sie sich im neuen Erdreich umsehen müssen und zögernd Wurzel gefaßt. Jetzt kroch dort, wo das eine Blatt vom Stengel abzweigte, ein Fühler heraus, nicht viel dicker als ein Zwirnsfaden und nach allen Seiten witternd. Was er zu suchen schien, war eine Kletterstange. Er entdeckte sie, nachdem er noch zwei Fingerbreit gewachsen war. Doch merkwürdig, ehe er sie berührte, ringelte sich die obere Fühlerhälfte zu einer Spirale, einer Spiralfeder zusammen, sechzehn Ringe übereinander. Sie verengten sich nach oben, so daß ein Trichter daraus wurde, nicht länger als ein Fingernagel, regelmäßig gebaut wie ein technisches Gerät.

Währenddessen hatte sich auch aus der andern Blattachsel ein Fühler herausgeschoben, der nun, als wisse er längst Bescheid, ohne abzuirren dem Gestänge zustrebte. Ich halte es für möglich, daß ihm der Vorläufer einen Hinweis gegeben hat, einen Wink; kann auch sein, daß jener von Anfang an eine andere Aufgabe hatte. Er hielt, der Vorläufer, immer noch sein filigranisches Spiralwerk in den freien Raum, als der andere schon am Ziel war und in Stundenfrist eine Schlinge um den nächsten Glasstab legte.

Nach kaum zwei Monaten besaß die Passionsblume viele Blätter, keines größer als eine Kinderhand und wie diese mit fünf Fingern versehen. Jeden Morgen schien ihr für eine Stunde die Sonne voll ins Gesicht, und wir sahen dann in den schräg stehenden Blättern das mit höchstem Sachverstand angelegte Adernsystem.

Eines Nachmittags entdeckten wir in den Blattwinkeln einer neuen Ranke die ersten Knospen, so groß wie Streichholzköpfe. Aus ihnen entwickelten sich rasch kleine, stramme Zylinder, fünfwandig, aufrecht gehalten von drei Kelchblättern. Der Größe nach hockten sie wie gedrechselte, dunkelgrün angestrichene Pfeifenköpfe auf einer Ranke, sieben Stück, der dickste auf dem unteren, der kleinste und jüngste auf dem schwankenden oberen Ende. Wir wären gern davor sitzen geblieben, denn bei der Kraftnatur der Passiflora rechneten wir damit, daß sich der unterste Pfeifenkopf in Kürze mit einem Knall öffnete.

Er rührte sich aber nicht, solange wir ihn

beobachteten, obwohl in seinem Innern unter Aufbietung aller Kräfte und Säfte gebaut, zurechtgelegt und aufgeräumt wurde. Das begriffen wir freilich erst bei Besichtigung der offenen Blüte. Die Blüte war in der Nacht aufgegangen und blickte uns jetzt an, ein strahlendes, leuchtend blaues Auge. Voll aufgeschlagen, kreisrund, lag es waagerecht auf einem zehnteiligen Stern, den die zurückgebogenen äußeren Blütenblätter bildeten.

Ich will es gleich berichtigen: kein Auge, auch nicht durch und durch blau, sondern mit einem weißen, konzentrisch laufenden Band in der Mitte und einer fast braunen Zone rings um den Stempel. Pflanzen brauchen ja keine Augen, denn fast alle sehen und nehmen wahr mit ihrem ganzen Leibe.

Schon am zweiten Tage, gegen Abend, schloß sich die Blüte. Die Kelchblätter richteten sich wieder auf, legten sich zum Zylinder zusammen. Den dreifarbigen Doppelkranz und alles, was zu dem ausgetüftelten Fortpflanzungsapparat gehört, hatte der Blumengeist in die alte Stellung zurückbeordert. An der Reihe war jetzt die Nachbarin.

Wir standen früher auf als sonst, aber erst kurz vorm Mittagläuten zeigte sich in der Kegelwand der erste Spalt. Wir ließen alles stehen und liegen. Auf dieser Welt konnte es jetzt nichts Sehenswerteres geben. Vor unsern Augen spreizten sich die fünf Wände auseinander, bogen sich, eine nach der andern, bis in die Waagerechte und bildeten einen regelmäßigen Fünferstern. Das dauerte genau eine Stunde.

Danach vergingen weitere dreißig Minuten, in denen sich nichts bewegte. Die eigentliche Blüte war währenddessen noch vermummt, eingekapselt in die fünf inneren Blütenblätter. Die fingen nun an, sich an der Spitze zu teilen. Sie legten sich in der gleichen Reihenfolge und Geschwindigkeit wie die andern, in genau sechzig Minuten, zurück und in die Zwischenräume der fünf äußeren Blütenblätter. Aber: schon während sich das erste Blatt nach außen neigt, wird der dunkle Griffel sichtbar. In die Öffnung schiebt sich die eine Narbe und eines der fünf Staubgefäße. Sie stehen senkrecht. Kaum jedoch bewegt sich das benachbarte Blatt, vollführt der längliche

Staubbeutel in Sekundenschnelle eine Drehung um neunzig Grad und hängt nun waagerecht. Dort, wo er mit dem Stiel verbunden ist, besitzt er ein Gelenk, das ihm erlaubt, auf Kommando in eine neue Stellung zu springen. Ein lautloses Kommando! Nach immer zwölf Minuten ist eine der fünf Zylinderwände an der Reihe, biegt sich zurück und gibt Raum für die übrigen Staubbeutel. Auch diese springen, sobald sie nichts hindert, mit einem Ruck in die vorschriftsmäßige Stellung. Nach zwei und einer halben Stunde befindet sich alles an seinem Platz, gemäß Plan und Befehl. Unsere Ohren sind für solcherart Befehle zu grob. Einige Arbeitsgänge liefen nebeneinander ab, andere überschnitten sich oder führten Angefangenes weiter.

Wo mag die Kommandostelle liegen, das Gehirn? Ist es über die ganze Pflanze verteilt?

Die neue Blüte unterschied sich in nichts von ihrer Schwester, die noch einmal die Gestalt der Knospe angenommen hatte. Die Marterwerkzeuge des Heilands: die Dornenkrone, nämlich der Fadenkranz; die Nägel: das sind die drei Narben; seine fünf

Wundmale: die fünf Staubgefäße – das ganze fromme Sinnbild, so bunt und seltsam, es wird, entzogen unsern Blicken, sachte vertrocknen, schrumpfen. Sterben wird es nicht, denn unter seinen Verhüllungen hütet es das Leben. Nach ein paar Tagen löste sich der erste, runzlig gewordene Kegel von der Ranke und fiel ab. Während ich aufschreibe, wie er entstand, wie er lebte, liegt er neben mir.

Die Blumen sind, was wir nicht sind, aber sein sollten: still, gehorsam, dankbar. Und ohne Schuld. Ja, dankbar auch. Wer sie pflegt, weiß es. Zu diesen köstlichen Tugenden hat ihnen der Schöpfer als vierte die Schönheit beigelegt.

Omega

Neben den nach einer inneren Uhr ablaufenden Blütengeburten der Passiflora lag die Taschenuhr meines Vaters. Auf ihr las ich ab, daß alle zwölf Minuten, aufs pünktlichste, ein Blütenblatt sich aus der Senkrechten in die Waagerechte zurückbog.

Weil ich nun einmal allen, die in meiner Stube mit mir wohnen und wesen, einen längst fälligen Dank abstatten will, wer verdiente ihn mehr als die Uhr neben dem Tintenfaß! Ob das eine Taschenuhr sei, fragte mich kürzlich ein Kind. Ja, ich bin ein Mensch von anno Tobak. Tintenfaß und Taschenuhr, beide im Aussterben begriffen, benutze ich noch.

Die Uhr hat einmal meinem Vater gehört. Außer ihr ist nichts auf mich gekommen von aller Habe der Eltern, doch vertritt sie das Verlorene aufs beste. Als ich eine Zeitlang zwischen Stacheldraht und Wachttürmen lebte und nichts Goldenes und Silbernes, auch Papier und Bleistift nicht besitzen durfte, versteckte ich die Uhr jeden Abend in einem andern Loch. Jetzt liegt sie offen da, fleißig und zuverlässig wie der Vater, der sie trug. Sie hat ein klares Gesicht ohne andern Schmuck als den der schönen Ziffern. Unter der Zwölf steht das Wort, mit dem die Griechen den letzten Buchstaben ihres Alphabets benennen. Ich weiß, daß der Vater die Uhr schon besaß, ehe ich zur Welt kam. Acht Jahrzehnte und länger tut sie Dienst. Saß ich dem Vater auf den

Knien, hielt er sie mir ans Ohr. Ob ich die ‚Unruhe' höre, wollte er wissen. Wie oft wohl ruhte sein Auge auf ihrem Gesicht, ruhte sie selbst in seiner Hand! Über Tag war ihr Platz die Westentasche, eine Behausung, die ja auch selten geworden ist. Ihr Gang mischte sich mit dem seines Herzens. Das alles ist gut zu wissen, und nehme ich die Omega nun selber in die Hand, dann ist das viel mehr als die Berührung mit Gold und Glas.

Ich hatte die Masern gehabt und durfte noch nicht zur Schule. In jenen freundlichen Tagen brachte mir der Vater einen ausgedienten Wecker, nahm ihn vor meinen Augen auseinander, setzte ihn wieder zusammen. Er konnte sicher sein, daß mir nichts entgangen war. Noch einmal zerlegte er das Werk, stand auf und sagte: „Probier's!"

Die Unruhe! Da lag sie. Bis auf sie und ihr ‚Hemmungsrad' brachte ich alles wieder an seinen Platz, bin bis heute mit Unruhe und ihrer Bändigung nicht fertig geworden. Alle Uhren wollen uns weismachen, sie hätten mit Zeit und Ewigkeit etwas zu tun; der Lauf der Welt, der Gang der Dinge richte sich nach ihnen, ihren drei Zeigern. Es richten sich aber bloß die Fahrpläne danach, die Reisenden und was sonst noch rennt, was irgendwo zuerst ankommen möchte.

Alabaster

In Knossos, der kretischen Ruinenstadt, zwischen den Trümmern des alten Palastes, gibt es ein paar Stufen, die haben einen eigentümlichen Glanz, als schiene nicht die Sonne, sondern der Mond auf sie. Sie bestehen aus Alabaster.

In einer Alabasterschale aus Kreta bewahre ich seit vielen Jahren die Scherben auf, die ich in Babylon, im Tal der Könige, in Olympia und auf allerlei Inseln heimlich aufgelesen habe. „Steine zerstreuen und Steine sammeln –", so steht es im dritten Kapitel des Prediger Salomo. Dem geht voraus: „Ein jegliches hat seine Zeit, und alles Vornehmen unter dem Himmel hat seine Stunde."

In einer solchen Stunde hole ich mir die

übervolle Schale und nehme eine Scherbe heraus. Nicht wie die andern habe ich sie räuberisch an mich genommen. Lenzen selber, der damals das griechische Theater in Babylon ausgrub, kratzte sie aus dem Schlamm und gab sie mir. Sie stammt vom Gesims des Zikkurat, des Babylonischen Turms. Wir standen auf einem Schuttwall, hinter uns, mit entsichertem Gewehr, die Wächter, unter uns das ausgeplünderte Viereck der Grundmauer, neunzig mal neunzig Meter. Das dritte Maß des Turmes, die Höhe, war gleich der Breite und Länge. Als der mazedonische Alexander hierher, an die Trümmer des Turmes gelangte, beschloß er, das ‚Tor Gottes' zur Reichshauptstadt zu machen. Wir wissen, daß mehr als zehntausend Fronarbeiter monatelang Schutt räumten. In wievielen Sprachen mögen sie geredet haben? Sie kamen dem ungeduldigen Europäer nicht schnell genug voran; er kommandierte große Teile seines Heeres an die Baustelle. Bis zu seinem Tode wurde Schutt geräumt. Zweitausend und zweihundert Jahre danach setzten die deutschen Ausgräber die Arbeit fort. Achthunderttausend Tagwerke, auf elf Jahre verteilt, dann lag der Untergrund frei wie jetzt.

An der Scherbe auf meiner Hand erkenne ich Spuren von Bemalung. Ich sehe den tiefen Himmel jenes Dezembernachmittags, die Herde, die vom Euphrat herübergetrieben wird. Ein Name meldet sich: Belsazer. „Er machte ein herrliches Mahl seinen tausend Gewaltigen und soff sich voll mit ihnen. Und da er trunken war, hieß er die goldnen und silbernen Gefäße herbringen, die sein Vater Nebukadnezar aus dem Tempel von Jerusalem weggenommen hatte, daß der König mit seinen Gewaltigen, mit seinen Weibern und mit seinen Kebsweibern daraus trinke."

Mit jener Nacht, auch mit den Prozessionen, die vom Ischtar-Tor zum Zikkurat, zu Marduk, dem Gott der Götter, wallfahrteten, verbindet mich die bunte Scherbe; endlich auch mit dem Prediger Salomo: „Es ist alles ganz eitel. Es sind alle Dinge so voll Mühe, daß es niemand ausreden kann."

Eine solche nicht auszusagende Mühe haben die Gefangenen und Sklaven gehabt, die der Königin Hatschepsut, ein Jahrtausend vor Nebukadnezar, einen

Tempel in die senkrechten Felswände von Deir el Bahri meißelten, im Tal der Könige vor Theben, wo die Luft vor Hitze lodert, wo kein Vogel singt, keine Blume wächst. Wer sich diesem Tempel nähert, glaubt zu träumen.

Die Hatschepsut ist die erste regierende Frau, von der die Geschichte weiß, und ähnlich der englischen Viktoria, der ewigen Queen, die sich von Purpur und Szepter nicht trennen konnte, ließ sie weder ihren zweiten Mann noch ihren volljährigen Sohn an die Regierung, bis dieser Sohn in rasender Wut alle Schranzen aus dem Wege räumte, die Mutter entmachtete und sich zum Pharao ausrief.

Am Fuß der rotglühenden Felswand, neben einem der Tore, die ins kühle Innere führen, sah ich im Sand ein Stück Keramik liegen, tiefgrün und mit einem Ornament aus regelmäßigen Bögen. Ich sah mich um und steckte es ein. Hier liegt es, stellt sich eine Weile tot. Endlich redet es und erzählt, erinnert mich an Glanz und Elend unsrer Art.

Die Berge haben heute Nebelhauben über ihre Köpfe gezogen. Es wird nicht mehr hell werden. Aus der Alabasterschale nehme ich ein handgroßes Stück Ton, bräunlich und gewölbt. Auf der Rückseite lese ich: Delos, Villa der Delphine.

Ich ziehe den Vorhang vors Fenster. Fünfzig Lebensjahre sind auf einmal wie nicht gelebt. Ich bin noch jung und sitze auf einem schmalen Brett überm Ägäischen Meer, in der Hand einen schweren Pinsel, in Reichweite den Eimer mit weißer Ölfarbe. Ich bin Passagier zum halben Preis auf einem Levantefrachter und male das Brückenhaus an. Bei Sonnenaufgang haben wir Smyrna verlassen, das heute Izmir heißt, halten Kurs auf Piräus. Niemals mehr bin ich mit Ölfarbe so verschwenderisch umgegangen. Die Sonne brennt mir auf den Rücken, der Fahrtwind kühlt. Delphine halten mit uns Schritt. An den Horizonten steigt immer wieder Land auf. Steigt auf und versinkt. Erst wölben sie sich, die Inseln, dunkel und wie Rücken von Sauriern aus der gleißend hellen See. Im Näherkommen gewinnen sie Umriß. Die Dunstschleier heben sich. Im Wechsel von Blau und Schwarz erkenne ich die Täler. Manche Inseln sind klein und schartig wie Klippen, von der Brandung weiß gesäumt. Andere wachsen mit nacktem Gebirge in die Weite und Höhe. So Delos. Da werde ich einmal hinfahren, denke ich, zu den naxischen Löwen. Ich werde in die Grotte hinaufsteigen, in der von der schönen Leto der Gott der Lieder geboren wurde, der Sohn des Zeus.

Dieser Lebenstag zwischen dem alten Smyrna und der attischen Küste bestand aus Licht und Meer. Ich nahm ihn hin, wie wir in der Jugend das Gute hinnehmen, wie wir uns an Tische setzen, die andere gedeckt haben. Ich war glücklich, denn ich hatte weder Sorgen noch Wünsche.

Als ich nach vierzig Jahren endlich den Fuß auf Apollos Insel setzte, dachte ich an das schwankende Brett überm Meer, unter mir die Delphine, drüben im Gegenlicht die heilige Insel. Auf halber Höhe, beim ‚Haus der Delphine', blieb ich allein zurück, fotografierte und suchte nach einer Scherbe. Sie ist erdfarben und ganz ohne Schmuck. Der Krug, zu dem sie gehörte, ist zerbrochen. Mit ihm holte die Magd das trübe Wasser aus der Zisterne. Die Zisterne wiederum ist unversehrt. Der Regen von gestern nacht steht darin. Vor mir, aus tausend und tausend bunten Steinen in den Fußboden gelegt, jagen die zwei berühmten Delphine durchs Meer, der eine von einem Kind geritten und gezügelt. Ihre Schwänze sehen aus wie riesige, zerzauste Blumen.

Sind sie geträumt –, jener Morgen bei den naxischen Löwen und Delphinen, auch der andere im Geruch von Ölfarbe und Salzwasser, im gewaltigen griechischen Mittagslicht? Gehören sie mir noch? Ganz und gar! Zu jeder Stunde kann ich sie rufen.

Ich lege den Brocken gebrannter Erde in die Schale und ziehe den Vorhang zurück. Schon will ich alles an seinen Platz stellen; aber da liegt obenauf ein Stück Peloponnes. Es war in einer Säule des Zeus-Tempels in Olympia enthalten. Die Säulen sind von der unruhigen Erde selber gefällt worden. Im Sturz zerfielen sie in ihre Teile, die jetzt wie steinerne Trommeln nebeneinanderliegen. Auf einigen haben die Wächter Posten gefaßt. Hört man ihre Trillerpfeife, dann hat sich jemand gebückt und ist im Begriff, etwas einzustecken. Zwischen den Trommeln häuft sich der Schutt. Wie alles

Steinerne hier, besteht er aus Muschelkalk. Ich setze mich auf ein Trümmerstück und gebe vor, einen Film einzulegen. Dabei rollt wie von selber ein von fossilen Schnecken durchsetztes olympisches Souvenir in die Fototasche. Zeus wird es nicht vermissen.

Betrachte ich es jetzt, dann schaue ich in zwei Zeitalter hinein, ins Perikleische, dessen Abstand von heute uns allen bekannt ist, und in das andere, in dem vor Jahrmillionen, im Trias, der Muschelkalk entstand. Es gab damals weder Kalender noch Uhren. Wie wären sie auch mit den hundert und zweihundert Millionen zurechtgekommen! Wie es mich freut, ein so ehrwürdiges Stück Erdvergangenheit in die Hand zu nehmen, kann ich niemandem sagen.

Mesozoikum

Es geht auch andern so: daß sie vor solchen Zeugen verstummen. Ich lese es vom Gesicht ab, wenn einer das Holz in die Hand nimmt, das vor wenigen Jahren aus einem brasilianischen Bergwerk ans Licht kam, aus tausend Meter Tiefe, wie ich weiß. Ich ließ es von den Steinschleifern in Idar-Oberstein in zwei Teile zerlegen. Die stehen jetzt zwischen den Büchern, und ich stehe jeden Tag vor ihrer polierten Schnittfläche. Eine dicke Kruste vom Braun des frisch gebackenen Brotes umgibt das Innere. Es ist die Borke mit Knorren und Schrunden. Sie ist zu Stein geworden, wie die hundertfünfzig Millionen Jahre, die sie umschließt. Eine Mitte gibt es nicht, das Kernholz saß merkwürdigerweise nahe an der Rinde. In seinen winzigen Hohlräumen blitzen Kristalle. Wo stand der Baum, was war ihm im Wege, daß er von der Symmetrie abwich?

„Mesozoikum", sage ich zu dem Betrachter. „Die Zeit der Giganten, der Saurier, lang und hoch wie ein Reihenhaus."

Wird er nach dem Alter fragen? Ja, er möchte es wissen; aber ich selber weiß es nicht genau. Vielleicht hundertfünfzig, vielleicht zweihundert Millionen; ein paar mehr oder weniger, was bedeutet es! Wir können weder das eine noch das andere fassen. „Unser Leben währet siebzig Jahre . . ." und läßt sich übersichtlich in die vier Stufen einteilen. Für ihre Beschreibung reichen ein oder zwei Bücher. Das Erdmittelalter –, der Stein in unsrer Hand, der einmal Holz war, durchflutet von Säften, von Leben, verrät sein Alter nicht. Doch wenn er auch schweigt, gestorben ist er nicht.

Auch mein Besucher schweigt. An seinen Augen sehe ich, daß er sich vorübergehend nicht hier in der engen Stube aufhält.

Die Dinge: sind es leblose ‚Sachen', wie das Wörterbuch sie nennt, Materie? Längst haben wir doch die Materie durchschaut. Sie ist nicht tot. Mit unbegreiflicher Geduld begabt, warten meine Steine, meine Bücher und Bilder, warten darauf, angeschaut, angeredet zu werden. Sofort geben sie meinen Blick zurück und antworten. Materie: zu ihr rechnen wir auch jene, vor deren gespeicherter Kraft uns angst und bange werden sollte. Der Schöpfer hat sie tief in die Erde verschlossen. Für unsere Neugier nicht tief genug.

Die leuchtende Kokosnuss

An der Ostküste der Insel Bali erhebt sich der Vulkan Batur. Wer auf dem Rand des Kraters steht, sieht jenseits der Meerenge schon die Vulkane von Lombok, der nächsten Insel. Die Fahrt aus der Ebene hinauf zum Batur ist wie ein Absterben, eine traumschnelle Flucht aus Sommer und Herbst in den Winter. Die Palmen verschwinden, Bananen und Papayas werden kleiner und kleiner, die Schluchten sind durchwuchert von Farnbäumen. Die wenigen Menschen, die hier unterwegs sind, haben sich in warme Jacken gehüllt. Auf einmal ist die Erde zu beiden Seiten der Straße kahl und grau. Wir stehen auf dem Kraterrand. Der Blick irrt umher, tastet sich zur jenseitigen, hinter zerwehenden Nebeln versteckten Wand hinüber. Der Nebel, fortwährend in kreiselnder Bewegung wie Wasserstrudel, gibt für Sekunden das Unterste der Höhlung frei, der ungeheuren Narbe. Es besteht zum Teil aus bebautem Land, zum Teil aus einem See. Aus seiner Mitte steigt der Aschenkegel auf.

In jedem Menschenalter wacht der Batur einmal auf, brüllt und speit, setzt Dörfer und Pflanzungen unter Lava. Kaum ist der Zorn verraucht, klettern die Balinesen die Steilwände hinunter, nehmen den noch warmen Boden unter den Pflug. An ihren Feuerherden spendet die Erde doppelt und dreifach.

Wir wollten ins freundliche Unterland zurückkehren, da kam ein Kind und bestand darauf, uns eine aus Kokosnuß geschnitzte Lampe zu verkaufen. Die braune Schale, hart und spröde wie Bein, war in ein Filigran aus Blättern und Tieren aufgelöst. Es ließ sich denken, wie sanft und vielfältig verteilt das Licht am Abend aus dem Innern scheinen würde, einen Schattenwald an die Stubenwände zaubernd. In unsern Koffern hatte dieses Wunder an Menschengeduld keinen Platz mehr, aber Else nahm es besitzergreifend in die Hand und versprach, die Lampe bis Griechenland zu tragen.

Sie hat ihr Wort gehalten, und jetzt, nach vierzig Jahren, lebt die runde, braune Nuß immer noch bei uns.

Der gleiche Junge, der nach meines

Vaters Taschenuhr fragte, stand gestern vor der Kugel. Nur seine Augen fragten. Weil er es mit allem genau nimmt, erzählte ich ihm vom Batur und von dem Kind, das uns nicht ins Auto steigen ließ. Längst ist es erwachsen, hat Kind und Kindeskinder, während es über uns schon Abend wird. Aus der Mitte der Nuß schimmert das Licht hervor, wir sehen den Tiger durchs Dschungel schleichen. Von uns bis hinüber zur schönen Insel scheint das Licht, bis zu seinen leisen, kunstreichen Menschen.

Hieronymus im Gehäus und Sir Anthony Hobson

Sooft ich meine Stube betrete, begegne ich dem Heiligen Hieronymus. Vom frommen Dürer in Kupfer gestochen, hängt er neben der Tür und mahnt zu Fleiß und Stille. Heute mahnt er mich, der Bücher zu gedenken, die so lautlos wie der Bergkristall, wie der Ammonit in den Regalen wohnen. Sie rühren sich nicht, sind aber angefüllt mit Energien, können Unruhe stiften, können auch wieder beschwichtigen. Ihre Entstehung bleibt Geheimnis. Die Büchermacher, die Verleger, sehen es nüchterner. Dürer wußte vom Geheimnis. Wie der Kern in der Nuß, sitzt sein Hieronymus im Gehäus, über sich an der Wand die Stundenuhr, vor sich Schreibpult und Kruzifix. Ich könnte nicht zu ihm hintreten, denn zwischen ihm und mir liegt der Löwe, die Augen halb offen. Wie Orpheus die wilden Tiere durchs Lied bannte, so wurde hier die Bestie, wie wir den Löwen zu Unrecht nennen, durch Furchtlosigkeit und Güte bezwungen.

Um das mächtige Haupt des Heiligen ist es hell. Hier fängt das Geheimnis an und setzt sich fort in die schreibende Hand; denn auch die Schrift, der schaubar gewordene, in klare Figuren geronnene Gedanke, ist Mysterium. Und wer erklärt mir, wie es zugeht, daß nun ich das Unsichtbare, den Geist, aus den Zeichen aufnehme, die Gedanken des Denkenden ‚lese'?

Die tiefsten Geheimnisse sind im Buch der Bücher beschlossen. An ihm haben Gott und Mensch gearbeitet; wahrhaftig:

der Allerhöchste selbst und, von ihm inspiriert, der arme, fehlbare Mensch. Darum nennen wir die Bibel Gottes Wort und Heilige Schrift; darum ist sie das mächtigste und wahrhaftigste Buch.

Dort drüben stehen sie, links der zweibändige Nachdruck der ersten Lutherbibel, rechts die Neu-Übersetzungen aus unsrer Zeit. Schweigend stehen sie da, wie am Werktag die Kirchenorgeln. Die hundert Stimmen der Orgel, vox humana, vox coelestis, die zweiunddreißigfüßigen Bässe, die wollen gespielt sein. Die Bibel will aufgeschlagen und gelesen sein. Auf einmal fängt sie an zu reden. Sie kann flüstern, sie hat auch Register, die durch Mark und Bein gehen. Sie weiß und sagt alles, sagt es aber nicht immer. Sie kann warten. Mehr als fünfzigmal mahnt sie zur Dankbarkeit. Im ‚Danklied der Erlösten', dem 107. Psalm, heißt es dreimal: „. . .die sollen dem Herrn danken für seine Güte . . ."

Neben meinen Bibeln steht kein anderes Buch. Ein dunkler Bergkristall schließt die Reihe ab, aber nicht weit davon haben sich Tolstoi, Dostojewski und Ljeskow angesiedelt. Wie die Falken den Bergfried, so umkreisten sie lebenslang den Allerheiligsten, Gottvater, den „uralten Turm". In ihren Geschichten suchten sie ihn, im eignen Herzen, im Auge des Nächsten. Wer es liest, muß oft einhalten: das wäre ich, das wäre womöglich ich selber?

Geliebte Bücher! Sie kehren mir zwar alle den Rücken zu, aber an ihm erkenne ich sie. GOTTFRIED KELLER steht in Goldbuchstaben auf grünem Grund. Und: DER GRÜNE HEINRICH. Auf einem andern: ANTHONY HOBSON GROSSE BIBLIOTHEKEN. Das ist ein Buch von den Büchern und von den kostbaren Gehäusen, die ihnen der ehrfürchtige, der dankbare Mensch gebaut hat. An trüben Tagen nehme ich es her und begebe mich, von Hobson begleitet, in die Biblioteca Capitolare in Verona, die älteste ununterbrochen bestehende Bücherei der Welt, oder in die Stiftsbibliothek von St. Gallen, um wieder einmal die unvergleichlichen ersten Seiten des Folchartschen Psalteriums anzuschauen und den Anfang des ersten Psalms zu lesen. „Beatus vir ..." steht da, auf das kunstvollste geschrieben, „wohl dem, der nicht wandelt im Rat der Gottlosen, noch tritt auf den Weg der Sünder, noch sitzt, da die Spötter sitzen."

Besonders gern suche ich mit dem großen Engländer die Plätze auf, die ich aus eigner Anschauung kenne, so die Universitätsbibliothek im portugiesischen Coimbra. Beim Betrachten der Bilder wird die Erinnerung mächtig, und ich nehme noch einmal den schweren, den beinahe östlichen Duft von Lack und Tropenholz wahr, der sich in den drei hohen Büchersälen angereichert hat. Der mittlere Saal ist rot, die beiden andern sind grün, die Farben gealtert, eingedunkelt. Vor den Regalen stehen Tische aus brasilianischem Holz, die Intarsien in hellem Jacaranda, die Tintenfässer aus Silber.

Benommen von Farben und Düften wanderte ich damals vor den tausend und tausend Folianten auf und ab. Die große Zahl bedrückte mich; weil ich aber allein war – nicht ganz allein, in einer Nische saß der Aufseher –, weil es so still war, ein jahrhundertealtes Schweigen, meinte ich zu spüren, daß von der Bücherversammlung etwas ausging und sich mir mitteilte, eine Art geistiger Emanation. In keiner andern Bibliothek habe ich Ähnliches empfunden.

Ehrenwerter Hobson: welt- und bücherkundig, beschenkt und weiterschenkend. So sollten wir es halten. Nicht geizig horten, sondern weitergeben. Dann vervielfältigt sich die eigne Freude.

POLYHYMNIA

Nur im alten Griechenland hat es einen Orpheus gegeben, Sohn der Muse Kalliope, der ‚Schönstimmigen'. Sein Gesang bannte Mensch und Tier, ließ Steine und Felsen nicht ungerührt. Was uns und die Tiere betrifft, so gehen Mythos und Wirklichkeit ineinander über: denn immer noch können uns Lied und Melodie dort berühren, wo nichts anderes hingelangt. Bezwungen, beseligt, halten wir ein. Auch heilen kann die Musik: Verdüsterungen, Unruhe, Wahn. Wenn David auf der Harfe spielte, wurde es mit dem gemütskranken König Saul besser.

In der Römerstadt Trier grub man vor einiger Zeit eine antike Töpferwerkstatt aus. Unter den gut erhaltenen Modeln war auch eine kreisrunde, tellergroße Scheibe. In ihrer Mitte steht singend und die Leier schlagend der Musensohn Orpheus. Löwen, Bären, Hirsche, Kamele, Elefanten, auch der Affe, Hund und Pferd, dazu ein Dutzend Vögel, sie alle haben sich um den Sänger versammelt. Ihre Köpfe sind ausgerichtet auf die magische Mitte.

Ich besitze einen der wenigen Abgüsse dieses Bildwerks. Er erinnert mich daran, wie ich selbst einmal Orpheus gewesen bin. Während des Ersten Weltkriegs hielten wir in einem Stall neben dem Bienenhaus ein Schwein und zwei Ziegen. Ich war im Geigenspiel noch nicht sehr fortgeschritten, brachte aber schon ein paar Lieder zuwege. Ich ließ die drei Tiere aus dem Stall, und sie machten sich ans Grasen und Wühlen. Schon während ich stimmte, hoben die Ziegen die Köpfe. Jetzt setzte ich an und spielte: Goldne Abendsonne, wie bist du so schön! Als ich den ersten Vers ausklingen ließ, lag das Schwein zu meinen Füßen. Es öffnete die Augen und blinzelte zu mir hinauf. Die Ziegen hatten mit Grasen aufgehört – wer diese Tiere kennt, wird es zu würdigen wissen – und standen wie angewurzelt, standen wie die Wildziegen auf der Orpheus-Scheibe. Die Köpfe hielten sie schräg, die vorgestreckten Bärte zitterten.

Das schmeichelte mir. Ich spielte noch andere Lieder, und immer war es so, wie ich es später in der ‚Zauberflöte' sah: mitten in der Bewegung hielten die Tiere an, mit spielenden Ohren lauschten sie. Welt und Leben waren Schall geworden, bannender Wohllaut.

Es kam ein Tag, da vertauschte ich die Rolle des Geigers mit der unsrer Haustiere. Ich selbst wurde Beute des Orpheus-Effekts. Es war Krieg, und wir lagen, notdürftig ausgebildet, noch im Hinterland. Als Meldegänger des Bataillons mußte ich drei weit auseinandergezogenen Kompanien den Befehl überbringen, nächsten Tages zu früher Stunde und feldmarschmäßig dort und dort zur Stelle zu sein. Die geplante Übung konnte aber nicht stattfinden, weil die dritte Kompanie fehlte. Sie wußte von nichts, denn mir hatte sich in einer kleinen Ortschaft ein Musikzug in den Weg gestellt. Wäre nicht gerade die Ouvertüre zum „Fliegenden Holländer" an der Reihe gewesen, wer weiß, ich hätte vielleicht meinen dritten Auftrag rechtzeitig an den Mann gebracht, an den Führer der Nachrichtenabteilung nämlich.

Ich stand und lauschte Richard Wagner, wie Ziege und Schwein meinem Abendlied. Krieg, Bataillon, Befehle – vor dem „Fliegenden Holländer" verdunsteten sie. Erfrischt trat ich den Rückweg an.

Am nächsten Morgen wurde ich zitiert, vor mir der Alte, in meinem Rücken die von mir genarrte, eigne Kompanie. Niemals wieder ist mir so klar, so laut vor allem, gesagt worden, wer und was ich sei. Es war mir neu, als Soldat nahm ich es in strammer Haltung hin. Was ich im bürgerlichen Leben vorstelle, wollte der Hauptmann dann wissen. „Nichts", meldete ich wahrheitsgemäß. „Noch nichts!" Ich mußte es coram populo wiederholen, und die Kameraden bedankten es mit Gelächter. Sogar der Alte lachte. „Ich werde Kirchenmusiker", ließ ich mich ungefragt vernehmen und war auf neue Heiterkeit gefaßt. Der Hauptmann sah mich scharf an. Ob ich Klavier spiele? „Zu Befehl!" „Bloß Choräle?" „Zu Befehl, auch Lieder und Märsche." Ich solle mich für den Abend bereithalten, es werde ein Geburtstag gefeiert.

Ungestraft durfte ich wegtreten. Nicht ungestraft; denn noch um Mitternacht umbrandeten Männergesang und Bierdünste das invalide Klavier und mich. Orpheus hatte längst sein Haupt verhüllt.

Jahrzehnte später, im letzten Winter des Zweiten Weltkrieges, mußte ich mir in Salzburg einen Gutschein für ein Ofentürchen beschaffen. Um den Dom lag meterhoch der Schutt. Durch die zerfetzte Kuppel schneite es. Ich wanderte langsam über den geschändeten Platz und hörte Gesang. Wie vom Irdischen gelöst, schwebte er hoch über mir. Die Stimmen schwollen an, stiegen höher und höher. Ein Lied, von Menschen gesungen, darüber eine einzelne leuchtende Stimme.

Ich ging nicht weiter, nahm den Hut ab. Schauer überliefen mich. Ich sah nichts als den fallenden Schnee und drüben, undeutlich, die zerrissenen Fassaden, Häuserleichen. Das Lied über mir konnte nicht in unserm Land zur Welt gekommen sein. Es war ein Strom- und Steppengesang des Ostens, im Grenzenlosen geboren, ins

Grenzenlose gesungen; kein Lied für einen Platz aus Stein und Mauern.

Ich nahm meinen Weg wieder auf und erblickte auf einmal die Sänger, zwei oder drei Dutzend Männer, die sich vor dem Wetter in den Torbogen der Residenz gedrückt hatten. Über der Schulter trug jeder einen Sack. Gefangene Russen oder Umsiedler, ich konnte es nicht erkennen. Einer an den andern gedrängt, standen sie dort, einer den andern umschlingend, sangen sie miteinander das große Lied ihrer Heimat. Sie sangen wie aus einem Munde, bis zu jener Stelle, an der die *eine* Stimme sich in mächtigem Crescendo über den Chor hinausschwang.

Es gibt Erschütterungen, an denen auch unsere Eingeweide teilnehmen, Herz und Nieren. Eine solche kam über mich. Die grauen Männer, durchnäßt und heimatlos, der zerbombte Dom, Qual und Plagen jener Zeit –, über allem das Lied! Atemzüge der unsterblichen Menschenseele, strömte es dahin wie die großen Flüsse dort drüben, nahm die ungeweinten Tränen, alles, was wir nicht sagen können, nahm es mit bis vor den Thron des Ewigen. Kein Zweifel, er hörte das Lied.

Jetzt war es zu Ende. Ich wollte ein Wort mit den Männern reden. „Brüder“, wollte ich sagen, auf russisch; aber da trat der Wachmann aus der Tür. Sie rückten ihre Bündel zurecht und zogen weiter.

Jeder Dank an die Musik ist klein, gemessen an dem, was sie uns schenkt. Wo mag die Trösterin daheim sein? Ist sie nicht eine Botschaft aus der Welt der Engel? Wäre sie das nicht, wie könnte sie vergessen lassen, was niederhält und quält, wie uns erinnern, daß wir nicht bloß aus Fleisch und Blut bestehen!

UNSERE BIENEN

Alle Erinnerungen an Wohllaut fangen in mir mit dem Orgelton der Bienen an. Mit ihm zugleich meldet sich der Duft der Lindenblüten, der Juli-Duft, der an alles mahnt, was uns an Gutem geschenkt wurde. Die Süße der Welt ist in ihm versammelt. Die Immen wissen es, und unsre, des Vaters Bienen brauchten von ihren Waben bis zum Lindennektar nur unsern Garten zu überfliegen. Dort, zwischen Stachelbeeren und Himbeersträuchern, lag ich als kleines Kind im Korbe, lauschte auf das dunkle, gemütliche Bienenlied. Wie die Katze, wie Ziege und Schwein, zählten wir die Bienen zu unsern Haustieren. Milch und Honig schenkten sie uns, die Katze hielt Keller und Garten rein; das Schwein, ja, so war es eben, es gab sich selber, ehe das Jahr zu Ende ging.

Am fleißigsten waren die Bienen. Bis ein Pfund Honig beisammen war, sagte der Vater, mußte eine Biene dreimal um die Erde fliegen: hundertzwanzigtausend Kilometer. Wie beneidete ich sie um diese Reise! Nein, so sei es nicht. Nur alle Hin-und-Zurück vom Stock zur Blüte zusammengezählt. Die Imker wußten vor sechzig und siebzig Jahren nur wenig von dem, was der gelehrte ‚Bienen-Frisch' und andere Forscher inzwischen herausgebracht haben, daß zum Beispiel der ‚Rundtanz' und der ‚Schwänzeltanz' keine Lustbarkeiten, sondern Entfernungsanzeigen sind, daß sie den Daheimgebliebenen sogar die Richtung weisen, in der das blühende Rapsfeld liegt.

Ich stand mit dem Vater im warmen Bienenhaus vor der gläsernen Trennwand, hinter der es von aufgeregten Immen kreiselte und surmelte. „Was sie bloß haben!" Daß jede Bewegung etwas Wichtiges mitteilte, daß die Zuschauer es verstanden und befolgten, davon hatten wir keine Ahnung. Heute frage ich mich, wo denn in dem kleinen Tier die große staatenbildende und staatserhaltende Vernunft untergebracht ist. Etwa in dem winzigen Kopf, halb so groß wie ein Pfefferkorn? Im ganzen Leib womöglich? Die Begabung der Kleinen, der Bienen, Hummeln und Ameisen zum Beispiel, erklärt uns niemand. Manche sagen: Nun ja, die Natur eben. Aha, die Natur! Warum nicht der Schöpfer, allem und allen übergeordnet?

Wie gut meint er es mit uns, den Menschen! Damit wir das Leben überstehen, auf der langen Reise von einem Ende zum andern durchhalten, gibt er mächtige Hilfen: das Lied, das Wort der Liebe, die Einsamkeit, die Freundschaft.

Und auch die Tiere, die Miterschaffenen des sechsten Tages, unsere Reisebegleiter, sind Gottes Geschenk.

Der Findling

Schon lange leben wir ohne die Kameradschaft der Vierbeiner; denn alle brauchen ein gehöriges Stück Freiheit: Feld und Garten, über sich den Himmel. Das können wir ihnen in unsern zwei Stuben nicht mehr geben. Nicht ohne Schuldgefühl denke ich darum an den Kater Vinzenz. Ausgesetzt, räudig und namenlos, kaum zwei Wochen alt, lag er um Mitternacht zwischen Unkraut und Bauschutt und schrie um Hilfe. Die schneidend hohe Stimme weckte mich. Sie richtete sich, wie mir vorkam, persönlich an mich.

Wir wohnten im dritten Stock, die Hausordnung erlaubte nicht, Tiere in der Wohnung zu halten.

Ich stieg aus dem Bett. „Willst du es holen?“ fragte Else. „Ich muß.“ Als das Tier meine Schritte hörte, wurde es still. Ich griff in die Nesseln und hob den Findling zu mir herauf. Er zitterte. Oben, im Schein der Lampe, betrachteten wir ihn: eine Handvoll Elend, winzig und grindig, von Kälte und Verlassenheit geschüttelt. Ich steckte ihn in meinen Strumpf und legte ihn neben mich ins warme Bett. Das Zittern ließ nach. Von allen Schmerzen, die in dieser Stunde unsern Erdenstern heimsuchten, war wenigstens einer gestillt.

„Das stirbt bald!“ sagte unsre Pepitza, als wir ihr am nächsten Morgen den verlausten Hausgenossen zeigten. Sie sagte: „Das“; als sei er schon entseelt. Ja, Vinzenz hatte Läuse, und die Augen eiterten. Else nudelte ihn in einen wollenen Schal. Nur noch Kopf und Schwanz waren zu sehen.

Ein armseliger, schmutziger Stummel hing da heraus. „Nun ja", sagten wir, „sollte er sterben, dann hat er in seinen letzten Stunden wenigstens nicht mehr gefroren. Auch ist er getauft."

Was ich hier von den Nöten einer Kreatur berichte, scheint ein Nichts zu sein, gemessen an Menschenleid. Ich frage aber: was ist groß, was ist klein vor dem Schöpfer? Aus allem Erschaffenen redet doch sein Geist zu uns, aus dem Erblühen der Passionsblume wie aus dem Jammern des Tieres. Was wären wir, wollten wir uns an dem einen freuen, das andere aber überhören!

Vinzenz blieb am Leben. Die erste Woche wohnte er in meiner Hosentasche. Dort war es warm und dunkel. Um jene Zeit saß ich viel am Schreibtisch und vergaß den Kameraden manchmal. Auf einmal rumorte er. Ich bohrte ihn vorsichtig aus der Tasche und setzte ihn auf den Sandnapf. Er scharrte erst bis zur Erschöpfung. Kam es zum Eigentlichen, raffte er sich zusammen und ließ wimmernd geschehen, was geschehen mußte. Soviel Anstand ohne mütterliche Anleitung rührte uns.

Eines Mittags gab es Pflaumenkompott.

Vinzenz, auf meinem Schoß, hob witternd das immer noch tränende Gesicht. „Willst du etwa auch Pflaumen?" Ich hielt ihm ein Stück unter die Nase. Er schnappte zu, kaute und schluckte, fest um meinen Daumen gekrallt. Am ganzen Leibe zitternd, fraß er schmatzend zwei dicke, serbische Pflaumen. Von da an fütterten wir den Mäusefresser mit Kompott und rohen Äpfeln.

Es kam ein Morgen, da lag er vor mir auf dem Rücken, die Sonne beschien ihn, und ich zog ihm den Schorf wie ausgediente Handschuhe von den Füßen. Nackt und seidig lag die junge Haut darunter. Es gab ein paar Rückfälle, aber von der vierten Woche an aß und trank der Kater, als sei er nie krank gewesen. Er genoß Milch, eingeweichtes Brot, Pflaumen, Äpfel und Weinbeeren. Immer schloß er die Augen, während er sich die feuchte Süße einverleibte. Zu beiden Seiten des Maules sproßte ihm ein Schnurrbart. Er bekam ein Gesicht, ein bedeutendes: unter der tiefschwarzen Stirn saßen in zwei schneeweißen Feldern die Augen. Einer so verschmitzten Miene bin ich bei Tieren nicht mehr begegnet. Selbst wenn er schlief, lag es wie Nachdenken auf seinem Gesicht.

In der Tat, Vinzenz war ein pfiffiger, humorbegabter Geist. Es hat Gott gefallen, jedes Geschöpf mit einem eignen, unverwechselbaren Wesen auszustatten, so wie nicht zwei Blumen oder zwei Hände gefunden werden, die sich völlig gleichen. Auch als der Kater herangewachsen war, suchte er oft meine Hosentasche auf. Er erkletterte mein linkes Bein bis ans Knie und ließ sich dann in jene Höhle befördern, die für ihn wohl das Äußerste an Geborgenheit bedeutete. Nicht immer gelang es mir dann, meine Gedanken beieinanderzuhalten. Die kleine Seele, so nahe an meinem Leib, stand mit mir in Verbindung. Woher ihr Vertrauen?

Aber ist nicht der Mensch seinem Gott gegenüber in der gleichen Lage? Wir stolpern durch die Welt, geängstet, in falscher Richtung zumeist, immer auf der Suche nach der rettenden Hand.

Als es in den Herbst ging, war Vinzenz nahezu erwachsen, um und um mit einem schimmernd schwarzen Fell bedeckt. „Sehen Sie jetzt!“ sagte ich zu Pepitza. Sie schob die hübsche Unterlippe vor und schüttelte den Kopf. „Katze!" sagte sie, als sei das ein Schimpfwort.

Ich habe es oft erfahren, die Katze ist ein Tier, an dem sich die Geister scheiden. Es ist ja wirklich kein Verlaß auf sie. Willst du ihr schöntun, kommst du meist zur Unzeit. Du schreibst, möchtest ungestört lesen, da stellt sie sich ein. Die Pfote tupft an die Feder. „Geh!" sagst du. Aber zwischen meinen Bleistiften liegt heute eine gläserne Kugel. Ich habe sie gefunden, will sie einem Kinde schenken. Die Katze ist entzückt. Mit gekrümmter Tatze rührt sie an das runde, glatte Ding. So rund und schimmernd! Ein Zucken fährt durch ihren Leib. Sie lacht nicht, lärmt nicht wie der Hund. Um so kostbarer ist die von Anmut gebändigte Sprache ihrer Glieder.

Eines Sonntags gab es zu Mittag Schweinsrippchen mit Kraut. „Sollte Vinzenz nicht einmal einen Knochen haben?" Else machte ein bedenkliches Gesicht. Ich sagte, daß ein junger Mann nicht auf die Dauer von gedünsteten Pflaumen und eingeweichtem Brot leben sollte, es könnte sich aufs Gemüt schlagen, ganz zu schweigen vom verkümmernden Gebiß. Wenn er dann im Kampf ums Dasein womöglich versage, sei das unsre Schuld. Vinzenz wurde also ins Badezimmer geführt, sah und roch zum erstenmal in seinem Leben ein mäßig abgenagtes Rippchen. So ein Stück Knochen mit seinem Duft hat auch mancher Menschennase etwas zu sagen. Was aber in unserm Kater erwachte –, mit Worten ist dem kaum beizukommen. Er stürzte sich mit gespreizten Pranken auf die Beute, schlug Krallen und Zähne hinein. Er ließ ein von wütendem Knurren unterbrochenes Fauchen hören. Der Kopf war tükkisch zur Seite gelegt. Ich machte eine Bewegung, als wollte ich den Knochen wieder an mich ziehen, nur eine Bewegung, sage ich. Vinzenz schlug nach meiner Hand, die Krallen blank. Er spuckte und fauchte. Der Schwanz peitschte die Luft.

Uralte, auf Angriff, auf Verteidigung und Tötung gerichtete Kräfte beherrschten seinen Leib. Es traf mich ein vorwurfsvoller Blick von Else.

Wir gingen an den Tisch zurück. Da gab es im Badezimmer einen Knall; dann trat

Stille ein. Ich spähte durch den Türspalt. Vinzenz stand aufgereckt an der Badewanne. In der Wanne lag der Knochen. „Wenn wir es alle so trieben, mein Vinzenz", sagte ich, „das gäbe ein schönes Getümmel in den Eßzimmern!" Ich langte das Bein heraus. Kaum hatte er es in den Klauen, schleuderte er es wieder in die Luft, sprang nach und turnte wie ein Affe in der engen Badestube herum.

Um die Weihnachtszeit muß er ins mannbare Alter getreten sein. Er wurde still, ließ merken, wie angestrengt er über das Leben nachdachte. Als der erste Schnee fiel, dachte ich, dem Stubenhocker würde frische Luft gut tun, trug ihn in den Hof und setzte ihn nieder. Er drückte sich auf den Boden, in den nassen Schnee hinein, seine entsetzten Augen gingen im Kreise, suchten ein Versteck. Der himmelhohe Raum über ihm drückte ihn zusammen. Den Bauch am Boden schleifend, kroch er zu mir. Ich nahm ihn auf, da gingen ihm büschelweis die Haare aus. Er bohrte den Kopf in meinen Ärmel. Diese grenzenlose, diese kalte Welt konnte er nicht ertragen.

Wir erschraken. Welches Unrecht, ein

Tier dem freien Himmel zu entwöhnen! Konnte das wiedergutgemacht werden? Vinzenz wollte von einem natürlichen Katerleben nichts mehr wissen: aber gerade jetzt stimmte er eines Nachts die erste herzzerreißende Katerweise seines Lebens an. Sie wurde nicht erhört, weil von keiner Kätzin vernommen. Da erzählten uns Freunde von Bianca, einem Fräulein von großer Katzenschönheit und, wie Vinzenz in der Stube aufgewachsen, zölibatisch. Ich setzte den fettgewordenen Freier in meine Büchertasche und fuhr an den Stadtrand hinaus, wo Bianca zu Hause war. Die ganze Familie erwartete uns, auch Nachbarkinder hatten sich eingefunden. Bianca wurde gebracht, ein schneeweißes, schmächtiges Mädchen mit bernsteinfarbenen Augen, eine fast edle Katze. Ich stellte die Tasche auf den Boden und machte sie auf. Fuhr nun Vinzenz heraus wie der Blitz? Die Leute hatten es erwartet. Nein, ich mußte ihn wie einen Gegenstand herausheben und auf den Teppich stellen. Als ich ihn streichelte, fiel wieder ein Büschel Haare aus. Alle sahen es, die Kinder lachten. Jetzt hatte auch Bianca den angstverkrümmten

Bewerber erblickt. Im Zimmer wurde es wieder still. Die Augen leuchtend groß, die Nackenhaare gesträubt, der Schweif eine Flaschenbürste, so näherte sich Bianca unserm Vinzenz, der ihr wie hypnotisiert entgegenstarrte. Sie ging wie auf Stelzen. Witternd schob sie das Maul vor. Die rosige Nase zitterte. Ein hoch ansetzendes Knurren warnte den Unglücklichen. Sie legte die Ohren zurück, der Blick wurde schweflig. Sie fauchte dem halb Ohnmächtigen ins Gesicht, und im nächsten Augenblick empfing Vinzenz die erste Maulschelle seines Lebens. Sie war gut gezielt und muß sehr weh getan haben. Jaulend verschwand mein Kater unterm Sofa. Alle, außer mir, lachten. Ich hätte gern mitgelacht, aber ich schämte mich. In diesem fast tragischen Augenblick wurde mir klar, was wir unserm Findling schuldig geblieben waren.

Freilich, eine Ohrfeige kann heilsam sein. Es gibt solche. Ob aber die volle Heilkraft schon jetzt, noch vor der Eheschließung, wirksam sein würde, bezweifelte ich.

Auf dem Bauche liegend, klaubte ich Vinzenz nach zwei Tagen aus den unteren

Eingeweiden des Sofas. Er hatte sich nicht mehr ans Licht gewagt. Im Frühjahr adoptierte ihn unsere frühere Aufwartefrau. Zu ihrem Vorstadthäuschen gehörte ein Garten mit Apfelbäumen. Dort holte Vinzenz nach, was ihm an Welt- und Katererfahrung fehlte.

Auf dem Langen Sand

Was wir dem Findelkind schuldig geblieben waren, erstatteten wir Jahre danach einem andern unfreiwilligen Stubenhokker. Wir wohnten auf dem ‚Langen Sand', einer Insel in einem schiffbaren chinesischen Fluß. Unser Haus stand am westlichen, nur von Dschunken und Sampans befahrenen Arm des Siangkiang, der sein Wasser nordwärts dem Jangtse zuführt. Der Garten mit Kampferbäumen, Pampelmusen und Pisang legte sich wie ein dunkelgrüner Gürtel quer über die ganze Insel.

Ein Garten? Wenn die Herren Schiffskapitäne, wenn die Freunde aus der Stadt uns besuchten, blickten sie mit hochgezogenen

Brauen auf den verrottenden Tennisplatz, in das Gestrüpp aus Bambus und Rosen. „Wenn schon kein Zaun", sagten sie mahnend, „dann ein Hund."

Auf dem Langen Sand lebten damals zwei Arten von Hunden, die einen mit dem gelb flackernden Blick und der Stimme des Schakals, die andern groß und feist wie Mastkälber: dänische Doggen, Eigentum des englischen Zollkommissars. Eines Tages sahen wir uns genötigt, eine dritte Rasse auf der Insel heimisch zu machen. Der Hafenmeister, ein Ire und Outcast, weil er mit einer Chinesin lebte, wollte seinen Hund, ein junges Setter-Mädchen, nicht länger in der Stadtwohnung halten und hatte ein Auge auf unsern Garten geworfen. „Peggy", sagte er, „wird euch das ganze Raubzeug und auch die dreckigen Köter aus der Nachbarschaft vom Leibe halten. Sie braucht Auslauf. Nein, kein Geld. Ich schenke sie euch."

Am nächsten Morgen stand Peggy vor der Haustür, ans Treppengeländer gebunden. Stumm, mit eingezogener Rute, blickte sie uns aus goldbraunen Augen entgegen. Wie konnte es gelingen, den kalten Lauerblick des wilden Tieres so zu sänftigen, daß wir, wie aus dem Menschenauge, jede Regung, Zorn und Liebe und sogar die Scham, aus ihm lesen!

Peggy war irischer Herkunft, wie ihr ausgestoßener Herr, um und um appetitlich braun, Ohren und Schweif lang und seidenweich behaart. In der Sonne schimmerte es in ihrem Fell wie Kupfer. Von der Welt kannte sie alles, was einem Jagdhund mißfällt. Wie unser Vinzenz hatte sie zwischen Tapeten, Gardinen und Teppichen ein fades, faules Stubenleben geführt. Bei uns, da raschelte und knackte es im Bambus von niederem Getier. In Büschen und Bäumen gurrten die wilden Tauben. Über uns schwebten bunte Vögel mit Fächerschwänzen. Im Unterholz lebten Schlangen, Eidechsen und Skorpione. Und vor den Fenstern, nahe der Haustür, der leise redende Fluß. Da kreiste der Weih und griff den blitzenden Fisch aus dem Wasser.

Wir kraulten Peggy hinter den weichen Ohren. Sie reichte die Pfote, aber ohne Freude –, der Schwanz rührte sich nicht. Vor Fremdheit und Kummer war sie stumm. Da-se-fu, der Koch, kehrte vom

Einkauf zurück. Er war entzückt und sagte: „Vely nice doggy!“ In der Küche, von seiner Hand, nahm Peggy ihre erste Mahlzeit entgegen, Milch und Brot.

Frühstück tröstet. Wie aus Versehen bewegte sie den Schweif. Wir zeigten ihr den Garten. Zwischen den Rosen rannten die Amseln herum. Durch Peggys Leib ging ein Ruck. Die Vorderbeine steif, den Kopf nach vorn gestreckt, stand sie wie erstarrt. Ein Hühnerhund. Geschlechterlange Zucht befahl ihr dieses Stillgestanden. Hier nun gab es freilich weder Jäger noch Jagd. Oder doch? Unsere Nachbarn, die chinesischen Gärtner, hielten Hühner, Enten und Schweine. Ein Zaun war zwischen ihnen und Peggy nicht vorhanden.

Wir standen eine Weile an dem der Stadt zugekehrten östlichen Ufer. Drüben, noch halb verdeckt vom Morgenrauch, lag Tschangscha. Aus dem Schiefergrau der Häusergeniste blitzten gelb und jadegrün die Tempeldächer. Im Norden, hinter dem Mastenwald der Dschunken, den Schloten der Dampfschiffe, wohnte der Hafenmeister. Von dort kam Peggy.

Wir hatten ihr Haus auf die Altane neben

der Haustür gestellt und das Gitter zum Garten geschlossen. Von einem hohen, weinerlichen Ton geweckt, fuhren wir gegen Mitternacht aus dem Schlaf. Wir besannen uns nicht gleich. Es konnte ein Tier, konnte auch ein Kind sein, dem etwas zugestoßen war. Die Stimme brach ab, setzte wieder ein. Nun tappende Schritte: Peggy. Unter ihr lag der fremde Garten mit seinen unbekannten, erregenden Düften; rundherum eine Stille, die es am Ostfluß niemals gab. Der Hafenmeister, von allen gemieden, die sich britisch nannten, nicht also von uns, hatte Peggy viel Liebe zugewendet. Jetzt war sie vom Heimweh befallen.

Als ich auf die Altane trat, hockte neben dem Hundehaus eine Gestalt. Ich erschrak, aber es war der Koch. „Nice Peggy!“, hörte ich ihn mit Fistelstimme sagen. Da-se-fu war schon ein alter Herr, litt an Händezittern. Er hatte sein warmes Bett verlassen, um einen trauernden Hund zu trösten. Wie wunderbar: um miteinander reden zu können, muß einer des andern Sprache lernen. Den Jammer der Kreatur verstehen wir ohne Wörterbuch. „Wir wollen den Hund hereinnehmen“, sagte ich. „Yeyes, master, take inside. Peggy no can sreep outside.“

Ein paar Tage später hatte Peggy ihr erstes Huhn erbeutet. Wir sprachen dem Nachbarn unser Bedauern aus und bezahlten einen Dollar. Da-se-fu kauerte neben der Sünderin. Vor ihren Augen bewegte er den kleinen Finger der rechten Hand, an dem sich ein überlanger, gepflegter Nagel befand, hin und her und sagte mit Kinderstimme: „Naughty Peggy! This fashion no can!“

Wir mußten der Irin rasch verzeihen, denn: strafen ließ sie sich nicht. Sie stellte die Rückenhaare auf und bekam einen tückischen Blick. Das hatte ich schon bei einem Wolfshund erlebt. Nach jeder Zurechtweisung schloff er mit gefletschten Zähnen unters Sofa, murrte und knurrte, bis sich die Wut legte.

Peggy, das hatte der Hafenmeister versprochen, sollte uns die Vierbeiner der Nachbarschaft vom Leibe halten. Aber – nachdem sie das dritte Huhn und dazu eine Ente gerissen hatte, kam jener Zustand über sie, der in weitem Umkreis das männliche Hundevolk in starke

Unruhe versetzte. Die Versammlungen, die Auseinandersetzungen der Ringelschwänze, der Lang- und Kurzschnauzer auf unserm Grundstück nahmen an Häufigkeit und Lautstärke zu. Wie in der Vor-Peggy-Zeit mußte ich mich beim Betreten des Gartens mit Steinen bewaffnen. O Hafenmeister!

Als auf den Westbergen die Azaleen blühten, die Pirole wiederkehrten, die erste, handgroße Spinne über der Badewanne hing, ihr Leib schwarz behaart, durften wir nicht mehr zweifeln: Peggy war guter Hoffnung. Ihre Augen hatten einen neuen Glanz. Sie wurde häuslich und gehorsam. Redeten wir mit ihr, dann nahm sie Haltung an, nickte und zog die Stirn in Falten. Bei den mächtigen Donnerschlägen der Monsungewitter zwängte sie sich zwischen meine Knie. Oft saßen wir zusammen auf der Altane und blickten den stromab jagenden Dschunken nach.

„Was stimmt dich so milde?“ fragte ich. „Schon seit einem Monat haben sie Ruhe vor dir, Hühner und Enten.“ Sie blinzelte und reichte mir die Pfote. Wie schön ist so ein Handschlag von Tier zu Mensch! Daß die beiden friedfertig unter einem Dach wohnen, halte ich für nichts Geringes.

„Peggy have got too much baby!“ meldete Da-se-fu, als er das Frühstück auftrug. „Too much“, das hieß bei ihm: eine hübsche Menge. Er war bewegt, seine Hände zitterten stark.

Wir begrüßten die Mutter, die fremd aus ihrer Hütte blickte. Drinnen rappelte und murkste es. Ich wollte eins der Neugeborenen greifen, aber Peggy zog die Oberlippe hoch. Was sie mir nicht erlaubte, von Else ließ sie sich's gefallen. Die trug eins nach dem andern in den ausgepolsterten Wäschekorb in der Küche. Zwölf Kinder! Das war selbst im Lande der Fruchtbarkeit ohne Beispiel. Koch und Wasserboy gerieten schier außer sich. Und wie schön sie waren: schwarz, weiß, gelb, gefleckt und gestreift, zwei sogar im Rehbraun der Rasse. O alter Gartenzaun, niedergetreten, verrottet! Ihr chinesischen Väter von hüben und drüben, was wird der Hafenmeister zu diesem bunten Dutzend sagen!

Zu Mittag kochte Da-se-fu für die Wöchnerin zwei Pfund Rindfleisch. Sie konnte trotzdem nicht den ganzen Nachwuchs sättigen. Wir ließen ihr die beiden Braunen. Das eine wurde dem gemeinsamen Nährvater Da-se-fu zugesprochen, das andere unserm Chinesisch-Lehrer. Herr Wang hielt uns nicht mit Grammatik und Syntax auf. Wir schrieben und lernten Gedichte von Li-tai-pe, auch Sprüche von Konfuzius. Zum Beispiel: Wessen Herz drei Monate nicht von der Güte abweicht, der wird sie in seinem übrigen Leben alle Monate und Tage zu erreichen wissen.

Wir zweifelten nicht, daß Herr Wang und Pfirsichblütenfaser, seine Frau, das hohe Ziel längst erreicht hatten. Lächelnd wandelte der Gelehrte den Konfuzius zu unserm Hausgebrauch ab: „Wenn Sie drei Jahre lang täglich ein chinesisches Gedicht oder einen Spruch lernen, kann Ihnen für den Rest des Lebens China nicht verlorengehen."

Er behielt recht. Nur ging den Chinesen unsrer Tage ihr Konfuzius verloren.

Von unermeßlicher Nahrungsaufnahme geschwollen, lagen die beiden Auserwählten im Korb. Ihre Bäuche waren hart wie Trommeln. Immer wieder nahm der Koch seinen Bräunling auf den Arm. Während er mit Peggy ausschließlich Pidgin sprach, führte er den Sohn unnachsichtlich in die Landessprache ein.

Garten und Fluß lebten dem großen Sommer entgegen. Am Abend, wenn der Wind sich legte, schwamm die Insel im Duft der blühenden Mandarinen und Pampelmusen. Die Zikaden lärmten. Der Tungting-See im Norden war nun gefüllt und staute unsern Fluß. Das Wasser ging ruhiger dahin und klärte sich. Wie in jedem Sommer spiegelte es das Grün der Uferbäume wider. Am Morgen verschleierten sich Fluß und Ufer. Aus dem milchweißen Dunst tauchten groß und feierlich die Segel der Dschunken auf, die zum Jangtse reisten. Eines Abends machte die eine neben unserer Lände fest. Am Mast hing eine rote Papierlaterne. Jemand blies Flöte. Peggy ließ zu den hüpfenden Tönen die Ohren spielen. Da-se-fu stand auf der Lände und brachte seinem Hündchen das Schwimmen bei. Er hatte es an eine lange Leine geschnallt und freute sich über das Gehudel des Dickwanstes. Pe-dse hatte er es getauft, das heißt: Peggy-Söhnlein. Er sagte zu Else: „Look see, Missie, vely big!"

Peggy-Söhnlein war erschöpft, und es wurde der ebenso fette ‚Nußkern' an die Leine genommen. Herr Wang hatte ihm diesen schmackhaften Namen gegeben. Noch lebten die beiden im gleichen Korb, von der Mutter und einem unverständigen Koch gemästet. Mit lachenden Mäulern fielen sie sich in die Arme, zausten und walgerten sich. Sie zwickten sich in die Schwänze, in die samtweichen Ohren, knaubelten und brummelten. Ihre Gebärden, die rundlichen Leiber mit dem reichlich bemessenen Fell: lauter wohlgelungene Späße, Fleisch und Blut gewordene Heiterkeit der Welt. So die Katzen, die Lämmer und Zicklein und alle Kinder. Wer wagt zu sagen, daß die Welt zur Trauer erschaffen sei? Alle Trauer fängt erst mit dem Ungehorsam an.

VON GROSSEN UND KLEINEN BÄUMEN

Vielleicht waren es die Bienen, die in mir die Liebe zu den Linden weckten; denn noch der frische, helle Honig wiederholte den Duft der Blüten. In jedem Sommer sammelten und trockneten wir einen Sack voll Lindenblüten. Wurde es Herbst, waren die Bäume kahl, dann tranken wir zum Abendbrot Tee von Lindenblüten und Erdbeerblättern. Wer erkältet war, bekam einen Löffel Honig in die Tasse.

Die Lindenallee fing wenige Schritte vorm Elternhaus an. In drei Reihen standen die alten runden Bäume. In ihrem grünelnden Schatten liefen Fahrstraße und Promenade nebeneinander hin. Nachts fuhr manchmal der Westwind brausend durch die Kronen. Davon erwachte ich und hatte Angst, daß es die kleinen Vögel aus ihren Nestern blies.

Denke ich an jene Kindheitsbäume, dann sind es immer alle miteinander. Ein einzelner Lindenbaum, wie der „vor dem Tore", ist nicht darunter. Anders geht es mir mit dem großmächtigen Banyan-Baum von Bonkasa auf der Insel Bali. Er ist ein Solitär, ein Erzbaum, ein Fürst. Wie der Vater aller Bäume hat er sich über das niedere Volk der Palmen erhoben. Wer in seinen Schatten trat und darin spazierenging, wird ihn niemals vergessen. Ein Stamm war ihm nicht genug. Von den unteren Ästen senkte er Fühler zur Erde hinunter. Sie schlugen Wurzeln. Sie wurden stark wie die Äste und führten dem Vaterstamm reichlich Säfte zu, die ihn immer höher und breiter werden ließen.

In diesem Pfeilerwald gingen wir hin und her wie in einem Dom. Was wir einatmeten, war der Atem des Riesen. Wir hörten Stimmen und sahen in einem Winkel des Doms viele Menschen, ein halbes Dorf, unter dem Banyan-Dach hocken. Sie hielten Gericht. Der Angeklagte und die Zeugen knieten im Halbkreis vor dem Richter, der auf erhöhter Bühne thronte.

Ich denke, er ist noch am Leben, der Alte. Zwar wurzelt er in der Nachbarschaft eines Vulkans; aber auch wenn die Erde bebt, sie könnte ihn wohl nicht abschütteln. Hundertfach hat er sich in ihr verankert.

Schon betagt, erwarben wir ein kleines Haus und dazu ein Stück Erde, mit dem die Bauleute übel umgegangen waren. In jahrelanger Arbeit machten wir einen Garten daraus. Das Lexikon versteht darunter: eine in Bodenkultur genommene, umhegte Fläche. Was in den Büchern nicht steht: daß die Erde nur dem eine freundliche Antwort gibt, der sich tief genug zu ihr hinunterbückt, das lernten wir bald. Ich selbst erfuhr an einem sommerlich warmen Oktobertag, was es heißt, ein Loch zu graben, einen Meter tief und so eng wie möglich, nicht eins, sondern sechs; denn aus dem Allgäu waren ebenso viele junge Tännchen eingetroffen. Bis auf eins nahmen sie das neue Erdreich an. Das sechste ging ein, vielleicht an Heimweh, vielleicht, weil unser Boden soviel schwerer war als die Erde dort oben am Waldrand. Nein, sie bestehen nicht bloß aus Holz und Rinde und Nadeln; und wenn sie auch keine Seele haben wie wir, so besitzen sie, was alles Lebendige mitbringt: Gefühl. Dazu Witterungsvermögen wie das Tier.

Nachdem die Allgäuer sich zum Weiterwachsen entschlossen hatten, pflanzten wir neben den Rosenbogen eine Schwarzkiefer. Schon im dritten Sommer wurde es ihr zwischen Zaun und Rosen zu eng, und Else sagte: „Sie weicht aus!“ Wahrhaftig, der unterste Zweig, ehe er das Rosenlaub berührte, änderte die Richtung. Mit welchen uns unsichtbaren Organen nahm er die Nachbarschaft wahr? Schon damals kam mir der Verdacht, daß wir von Blumen und Bäumen, bloß weil sie stumm und ortsfest sind, viel zu gering denken. Nur die Laubbäume, wenn die Blätter gefallen sind, geben von ihrem Innenleben, ihren Problemen, ihren Gedankengängen und Entschlüssen etwas preis.

Wieviel Geist, wieviel Persönlichkeit –. Caspar David Friedrich hat das oft gemalt.

Den Alten können wir, wenn von den Bäumen geredet wird, nichts vorwerfen. Für sie gab es noch heilige Haine, und ein schöner Baum war von der Nymphe bewohnt. Daphne, verfolgt und begehrt von Apoll, wurde zum Lorbeer.

Es ist womöglich heidnisch, aber ich kann an manchen Bäumen nicht vorbeigehen, ohne sie leise zu grüßen.

Und Gott der Herr pflanzte einen Garten

Die Erde war längst nicht mehr wüst und leer, als die ersten Menschenherzen zu schlagen anfingen. „Und Gott der Herr pflanzte einen Garten in Eden gegen Morgen und setzte den Menschen hinein, den er gemacht hatte."

Nicht anders als dem Adam erging es mir. Ich kam zur Welt und fand einen Garten vor, den mein Vater gemacht hatte. Neben der Pforte zu den Gemüse- und Erdbeerbeeten standen zwei Wassertonnen. Nur mit ihrem abgestandenen, lauen Wasser durften die Kohlrabi, die empfindlichen Beeren, die Fuchsien, die Tränenden Herzen gegossen werden. Den kalten Strahl aus dem Schlauch nahmen sie übel. Von der Pforte lief ein Weg zur Laube. Neben ihr stand ein Baum, der trug ‚Napoleons Butterbirne'. Was für ein gütiger Mann, dieser Napoleon! Seine Birnen schmeckten köstlich!

An dieses nahrhafte Gartenstück grenzte die Wiese, auf der die Wäsche gebleicht wurde. Dort stand auch das Bienenhaus.

Vom Bleichrasen ging es steil hinab zu einer zweiten, ungenutzten Wiese. Zwischen saurem Gras wucherten dort meterhohe Gewächse mit scharf riechenden Dolden.

Es ist wirklich zu kümmerlich, was das Lexikon über den Garten mitteilt. Mein Kindheitsgarten war beides, ‚umhegte Fläche' und Wildnis, gezähmte und ungezähmte Erde – und alles durchsetzt mit Birken, Apfelbäumen und Sauerkirschen, Flieder- und Holundergebüsch; alles umschlossen von einem schwer zu übersteigenden Zaun. Auf der andern Seite die Linden.

Während Haus und Stuben sich nicht veränderten, wechselte der Garten viermal im Jahr sein Kostüm und setzte dazu eine andere Miene auf. Er war ja lebendig. Vater und Mutter hatten ihn erschaffen, aber längst waren schöpferische Kräfte in ihm selbst erwacht. Er ließ die Erdäpfel, die Kohlrabi und Schwarzwurzeln groß und dick werden. Neben der Wäschewiese, an der Südwand des Hauses, glühten im Spalier Sauerkirschen und Tomaten. Von den napoleonischen Birnen wogen im September manche ein halbes Pfund, und die

Kürbisse am Humushaufen konnte einer allein nicht in die Küche schleppen. Immer schenkte der Garten her. Vom Frühling bis in den Herbst vermehrte sich's und reifte. Selbst im Winter schnitten wir frischen Grünkohl von den Beeten, holten Äpfel und Erdäpfel aus der Miete.

Möchten doch alle Kinder einen Garten haben! Wer nicht in ihm aufgewachsen ist, dem könnte manchmal das mit nichts zu erklärende, tiefe Vertrauen abhanden kommen, weil er von den Kräften der Erde unter seinen Füßen nicht genug weiß. In den Büchern steht manches davon, aber nicht alles.

Wenn wir auf dem ‚Langen Sand' spazierengingen, brauchten wir unser Grundstück nicht zu verlassen. Einmal rings um den Garten, das waren runde tausend Meter. An den Schmalseiten, mit denen dieses Stück Land, immer noch Garten genannt, hier an den Westarm, dort an den Ostarm des Siangkiang grenzte, war ein Verhau von wilden Rosen, Bambus und Pisang gewachsen. Der Boden trocknete nie aus. Hier hauste das niedere Ungeziefer. An den Längsseiten, quer über die

Insel, standen Reste eines vermorschenden Bambuszaunes. Unsere Nachbarn waren hier wie dort chinesische Gärtner. Während sie jede Handbreit Erde bepflanzten, wässerten und mit Fäkalien düngten und darauf Weißkohl bauten, Knoblauch, Lauch und Paprika, war unser Land jahrelang allein gelassen worden. Der Besitzer in Hankow wollte, da der Bürgerkrieg kein Ende nahm, hier nicht mehr wohnen.

Gleich nach dem Einzug hatten wir unsere Bäume gezählt. Es waren mehr als achtzig: Pampelmusen, Orangen, Pfirsiche, Granatäpfel, Aprikosen, Maulbeeren und Kampfer. Außer den Bäumen besaßen wir einen verrotteten Tennisplatz, ein Pfahlhaus, unter dem ein paar Schweine aus der Nachbarschaft, solche mit Hängebauch und durchgebogenem Rücken, wühlten, und eine Weißkohlpflanzung, versorgt und genutzt von einem uns unbekannten alten Mann. Sooft wir in seine Nähe kamen, lachte er lautlos und ließ einen Zahn sehen, seinen allerletzten. In den Bäumen lebten schöne Vögel, in den hohen Kronen des Kampfers hatten die Fischadler ihre Horste. Am Morgen standen sie mit ausgespannten Schwingen überm Fluß. Der Nordwind trug sie. Sie äugten lange und schossen dann jäh herab. Immer hing in ihren Fängen ein zuckender Fisch, wenn sie mit schlagenden Flügeln in den Horst zurückkehrten. Käuzchen und Bussarde hockten in der Dämmerung auf den Zaunlatten und starrten uns an.

Neben der Lände am Westfluß hatten wir den Wasserfilter errichtet, ein Holzgerüst mit drei hohen Stufen. Auf jeder stand ein Tongefäß, dreihundert Liter fassend, der Boden mit Asche und Palmfaser bedeckt. Der Wasserholer, zugleich Hausjunge und Waschmann, schöpfte das kaffeebraune, lößhaltige Wasser und füllte damit den obersten Behälter. Von dort sickerte es durch ein Röhrchen in den nächst tieferen und langsamer noch in den untersten Bottich. Viel Löß und Unrat enthielt es nach dieser vierundzwanzigstündigen Wanderung nicht mehr, doch setzten wir ihm vor dem Kochen in einer alten Zinkbadewanne Alaun zu.

Dieses Stück Insel mitten in dem rasch und lautlos ziehenden Strom, zwischen Dschunken und Dampfschiffen, Sampans und Fährbooten, war nach unserm Herzen. Bald nach der Schneeschmelze im östlichen Himalaja ‚kippte‘ der Monsun und blies jetzt warm von Hongkong herauf. Der Fluß stieg und stieg. Unter der dickflüssigen Flut verschwanden die Weißkohlbeete der Nachbarn. Wollten wir zur Stadt hinüber, dann traten wir schon an der Haustür ins Boot und ließen uns zwischen den blühenden Pampelmusen über den Tennisplatz zum andern Ufer staken.

Auch den Ölgarten über der Stadt Dubrovnik, einst Ragusa geheißen, hatten die Eigentümer seit Jahr und Tag allein gelassen. Die alte Steinmauer zerfiel bereits. In den Spalten hatten sich Kaktusfeigen und Agaven angesiedelt. Die Ölbäume, darunter vielhundertjährige Patriarchen, waren müde und brachten bloß noch kirschgroße Früchte hervor, die sie nach einiger Zeit ins Gras fallen ließen. Niemand wollte sie haben. Nur Frau Itza sammelte jeden Herbst eine Schüssel voll und legte sie in Meerwasser ein, das wir vom Strand heraufholten.

Frau Itza bewohnte mit uns ein kleines Haus, das zu den Oliven gehörte. Sie war so müde wie der Garten und lag jeden Tag viele Stunden unter den alten Bäumen. Ihren Mann, den Archivrat, bekamen wir selten zu Gesicht. Er ‚wurmisierte' über Tag in einem Palazzo in der Unterstadt, kam spät abends heim und suchte dann gleich sein Nachtlager auf.

Zu den Hausgenossen zählten noch der Wolfshund Lord und eine dicke, lange Zornnatter, die um die Mittagszeit herangepfiffen wurde, um eine Schale Milch zu sich zu nehmen.

Merkwürdig, auch hier war Erde und Sonne; aber während der östliche Inselgarten, unbelästigt von Menschenhänden, außer Rand und Band geraten war, hatte sich dieses Olivarium einfach fallen lassen wie ein ermatteter Mensch. Immer sprachen wir leise, wenn wir in seinem hellen Schatten umhergingen. Lord, Itzas Leibwächter, verließ dann seinen Platz neben dem Liegestuhl und ging still neben uns her. Er hatte eine besondere Art, seine Freundschaftsgefühle auszudrücken. Ohne Laut zu geben, ohne den Schweif zu bewegen, preßte er sich auf einmal an uns. Kam ich bei Dunkelheit von der Stadt herauf, stand er schon innen am Tor neben dem Johannisbrotbaum und schob die Schnauze durchs Gitter. Längst kannte er meinen Schritt. Wir gingen dann miteinander bis an die Haustür. Ich bückte mich und sagte ihm ins Ohr, ein wie guter und edler Lord er sei. Er lehnte sich an meine Knie. Ich kraulte ihn dort, wo auch die Katzen gern gekrault werden, gleich hinterm Ohr.

So gut einer den andern verstand –, wie müßte es sein, wenn wir einmal in derselben Sprache miteinander reden könnten, nur für eine Stunde, einen Spaziergang lang!

Von den Ölbäumen waren manche vor lauter Alter geborsten und ließen bis in die Wurzeln ihr Eingeweide sehen. Sie wachsen ja langsam, viel langsamer als Linde und Tanne, wachsen nachdenklich und bringen dabei wunderliche Verrenkungen zustande. Sie neigen zum Anderssein, ja zur Schrulle. Der Drechsler unten am Markt neben der Höhle der Austernmarie drehte und schliff aus dem unansehnlichsten Knorren schön gemaserte Teller und Schalen. Wie mit weichem Bleistift und von der Hand eines Künstlers gezeichnet, laufen die Lebenslinien um den Kern, der selten die Mitte ist. Je nach dem Schnitt des Werkstücks entstehen Verkürzungen und Ovale. Kein anderes Holz hat ein so eigenwilliges Gesicht.

Die Bleistifte, mit denen ich schreibe, stehen in einem Becher aus Olivenholz. Ich kaufte ihn von einem Drechsler unterm Kap Sunion. Oft umschließe ich das honigfarbene Holz mit der Hand und lasse mir erzählen.

MAN MUSS DAS ERLEBT HABEN

Denke ich an meine Krankenlager, die Hospitäler, ihre Ärzte und Schwestern, dann ist nichts zur Hand, was die Erinnerung aufhellt, keine Scherbe, kein Buch: nur der eigne, immer wieder gerettete Leib. Er hat kein Gedächtnis. Die größten Schmerzen vergißt er rasch, und das ist gut.

Soll man nun auch fürs Kranksein dankbar sein, für die Beschwerden, die unausweichlich auf ein Chirurgenmesser zulaufen, die Fatalitäten vor und nach dem Ätherschlaf? Ich will sehen, ob es dafürsteht.

Die freundliche Stadt am Schwarzen Meer nenne ich lieber nicht. Es könnte ein Schatten auf sie fallen, wenn ich vom Aufenthalt in ihrem Hospital erzähle. Es ist so ein gutes, humanes Wort: Hospital. Erst wir Deutsche haben Spital und zuletzt Spittel daraus gemacht. Das Land war arm damals, die neue Zeit mit Wasserspülung und Computer befand sich noch auf dem

Anmarsch. Der Freund, der den Radikal-Eingriff vornahm, hatte gesagt: „Man muß das mal erlebt haben!" Er sprach aber nicht aus eigner Erfahrung. „Jeder sollte sich einmal ganz aufgeben müssen, ganz hilflos sein, verstehst du? Glaube mir, es tut gut!"

Heute gebe ich ihm recht. Damals schien mir, er habe übertrieben, was das Guttun angeht.

Nach dem Arzt trat der Wärter ans Bett und ließ mich ein halbes Wasserglas Rizinusöl trinken. Die fünf Kranken, die mit mir in der Stube lagen und bis auf zwei das Schlimmste hinter sich hatten, sahen mir heiter zu. Einer sagte: „Na sdravi!", zu deutsch: „Wohl bekomm's!" Das Öl bewirkte, daß ich mich bis zum Abend nicht viel im Bett aufhielt. Mit der Dunkelheit kamen die Wanzen, nach ihnen wurde es wieder Tag. Noch einmal der Freund: „In einer Stunde bist du dran."

Als am Nachmittag mein Geist sich durch die weichenden Nebel der Narkose gearbeitet hatte, stellte ich fest, daß irgendwo im Leibesinnern ein Fremdkörper, schwer und glühendheiß, eingelagert worden war. Auch hatte ich Durst. Ich tastete nach der

Klingel, aber gleich über dem Knopf war der Draht zu Ende. Die Pfleger mochten herausgefunden haben, daß es ihrer Ruhe zuträglicher war, wenn nicht wegen jeder Wanze und jedem Schluck Wasser geläutet wurde. „Was willst du?" sagte der Stoppelbart, der mir gestern Gesundheit gewünscht hatte, „Wanzen? – Sind eben da. Gott hat auch Wanzen gegeben. Trinken willst du? Wirst nichts kriegen." Er riet mir, mit dem Blechnapf kräftig auf den Nachttisch zu hauen, aber meine Klopfzeichen erreichten niemanden. Es war Abendbrotzeit. Im Dunkeln und mit beschleunigtem Puls sah ich einen weißen Mantel neben dem Bett. Es war der Freund. Er fand meinen Zustand befriedigend, obwohl ich widersprach. „Beweg' dich nicht! Schluck das!" Es war eine Schlaftablette, und die Nacht ging vorüber.

Der Zwang, tage- und nächtelang in der gleichen Stellung auszuhalten, war das größte Hindernis, um zu jenem vom Doktor vorausgesagten Wohlbefinden durchzubrechen. Immerhin begriff ich, daß gewisse äußerste Schmerzen, wenigstens des Leibes, nur durch Stillhalten überwunden werden. Es ist mit jenen der Seele nicht anders, das habe ich seither oft erfahren.

Am zweiten Tag brachte mir der Wärter zu Mittag einen Teller Reis mit Paprikagemüse von noch nie erlebter Schärfe. Ich war lange genug im Lande, um nicht daran zugrunde zu gehen. Vom nächsten Morgen an nahm ich an den Gesprächen meiner Stubengenossen teil. Manche bekamen zwei- und dreimal am Tage von ihren Frauen und Kindern und Verwandten Besuch und sammelten dabei große Vorräte an Eßbarem an, an Brot, Büffelkäse, kaltem Hühnchen, Knoblauch und streng duftendem Dörrfisch, den sie vorm Verzehren an der Bettkante geschmeidig machten und in kleine Stücke zerrupften. Von allem bekam ich, der „Germanetz“, seinen Anteil; auch lernte ich, wie ein frisch Operierter zu lachen hat, ohne daß es sehr weh tut: nach innen, bei eingezogener Luft.

So erwiesen sich die Tage in dem bescheidenen Haus, in dem es fast an allem fehlte, was heute dem Kranken seinen Stand erleichtert, als gute Zeit. Man muß das erlebt haben.

Zehn Jahre später lag ich im Hospital der

China-Inland-Mission, den Rizinustrank im Leibe und wieder einer Radikallösung entgegensehend. Der Klingeldraht neben mir war unbeschädigt, Bett und Stube schimmerten vor Sauberkeit. Ich war allein. Ich wußte, daß mir mehr bevorstand als damals, als es „Na sdravi!“ geheißen hatte. Ich sammelte also meine Gedanken.

In der Stille hörte ich von der Straße herauf den Singsang des wandernden Bohnensuppenkochs. Die Schritte der chinesischen Schwester, die auf einmal im Zimmer stand, hatte ich überhört. Sie ging auf Tuchsohlen. Sie brachte mein Abendbrot. Es bestand aus einer Tasse Pfefferminztee und einer Beruhigungspille. Die Pille hätte ich nicht gebraucht. Das ganze Haus war, was in der Musik ‚tranquillamento‘ genannt wird. Ich selber hatte eine so mühsame wie unruhige Zeit hinter mir. Jetzt war ich in dieser windstillen Bucht vor Anker gegangen.

Es wurde rasch dunkel. Die heiße südchinesische Nacht brach an. In der Hospitalgasse, drei Stockwerke unter mir, trugen sie jetzt die Schlafpritschen und Mayong-Tische heraus. Reden und Gelächter von einer Straßenseite zur andern; Gerassel der Mayong-Steine; noch einmal der wandernde Koch: „Hab heiße Bohnensuppe!" „Jo za ro!"

Immer dicker der bitterliche Duft der Räucherstangen, nicht dem Hausgötzen, sondern den Stechmücken dargebracht, die vor ihm flüchten.

Schlief ich in jener Nacht? Ich glaube nicht. ‚Jeder sollte sich einmal ganz und gar aufgeben müssen', hatte der Freund in der Meerstadt gesagt. Ich war im Begriff, es zu tun. Morgen, um diese Stunde, bin ich dann noch hier, noch vorhanden? Wenn nicht, wo dann? Für Else war vorgesorgt. Aber was will das heißen: Vorgesorgt. Sich aufgeben, war das so gemeint: alles fahren lassen, nichts mehr haben wollen, nichts erledigen wollen? Sich fallen lassen? Vielleicht wirst du aufgefangen. Vielleicht nicht. – Aber das Ungetane; aber das Aufgeschobene. Später, hast du gesagt. Wann denn?

Früh am Morgen weckte mich Flötenspiel. Es war der Arzt, der unten im Flur präludierte. Danach sangen die Schwestern einen Choral. Noch einmal meldeten sich Nachtgedanken: ist das der Abschied?

Wahrhaftig, es ist wie Untergang und Auferstehung. Der Einstich. Alle Sorgen, Schmerzen, Nachtgedanken weichen zurück. Lächelnd fährst du hinunter. Wohin?

Nicht so das Aufwachen.

In den Genesungstagen las ich viel in den Psalmen. Ich hatte gemeint, sie seien mir bekannt. Eine Täuschung. Ich kam zum hundertvierten: „Licht ist dein Kleid." Das beschämte mich. Von der Schönheit unserer Erde hatte ich schon viel gesehen, mit wie geringer Dankbarkeit! Wem auch bieten wir soviel Undank wie Gottvater – nur weil er uns nicht in Fleisch und Blut begegnet wie der Nachbar. Aber mit tausend Augen schauen Gott und die Schöpfung uns jeden Tag an.

Der zweite große Krieg dieses Jahrhunderts war schon seit einem Jahr zu Ende, da wies mich der Gefangenenarzt in eins der übriggebliebenen deutschen Kriegslazarette ein. Amerikaner und Polen standen Wache rings um den Stacheldraht, drinnen lag die Kriegsbeute der letzten Stunden. Auf den Stummeln erfrorener Füße schlurfte es durch die Gänge, röchelte aus zerschossenen Lungen. Die Granatsplitternarben vom Nacken bis in die Hüfte brachen immer wieder auf. Mehr als tausend solcher Krüppel, noch jung, achtzehn und neunzehn Jahre lebten sie erst, aufgewachsen im schönen Siebenbürgen, im serbischen und ungarischen Banat, zehn Hekatomben ‚Versehrter' wollten in diesem Lazarett geheilt werden. Unter ihnen war ich, der einzige, dem weder Arme noch Beine fehlten, im Vergleich zu ihnen ein alter Mann.

Nachdem mich der Doktor, kein Freund diesmal, auch kein Flötenspieler, sondern ein begabtes Rauhbein von Militärarzt, auseinandergenommen und etwas anders wieder zusammengesetzt hatte, als ich zum drittenmal stillgelegt war, kam ich endlich von mir und meinen geringen Kümmernissen frei. Auch mir war nicht wenig abhanden gekommen, eigentlich alles, was ich früher für unentbehrlich gehalten hatte. Diese aber, die links und rechts von mir lagen – die Beinamputierten, die Blinden – wie ging es mit ihnen weiter, wenn einmal der Stacheldraht aufgeschnitten und aufgerollt war, wenn sie mit ihren nicht heilenden Wunden in die ‚Freiheit' entlassen wurden? Von der Welt, wie ich sie kannte, wußten sie wenig oder nichts, waren zum Nachdenken über sich noch nicht gekommen. Dafür hatten sie an Gewalt, Schrekken und Schmerzen schon mehr durchgestanden als andere in ihrem ganzen Leben.

Waren sie verzweifelt? Sie lärmten und sangen, wollten nichts als Witze hören, spielten Karten, rauchten von früh bis abends den starken Tabak, den die Amerikaner freigebig austeilten. Zwei Monate lebte ich unter ihnen, denn in mir war gründlich aufgeräumt worden. Von meinen Versuchen, mit ihnen zu reden, wie ich's gewohnt bin, schweige ich.

Tiefer als Kugeln und Splitter war der Ungeist jener Zeit in sie eingedrungen. Mit allem, was Halt und Hoffnung gibt, hatte er reinen Tisch gemacht. Jedes Gespräch, das dorthin zurückführen wollte, endete in der Sackgasse. Oft kam es mir vor, als sei nicht ich der Ältere.

Ich zähle auch jene Monate zur guten Zeit, wie jede, in der uns etwas genommen wird – was seltsam klingen mag. Wir erkennen den Gewinn so spät, weil wir zu lange aufs Verlorene zurückblicken. Dürftig bekleidet aus den letzten Beständen der deutschen Armee, stand ich manches Mal auf dem kalten Gang, von dem ich über den Stacheldraht hinaus auf ein Feld schauen konnte, einen Bauern sah, der dort frische Furchen zog.

LICHT IST DEIN KLEID

In der Totenstadt Pompeji hatten wir, der Freund und ich, den Morgen und den Mittag zugebracht. Gegen drei Uhr machten wir uns auf den Weg zum Kraterrand. Der Zahnradbahn wichen wir aus, denn wir hatten wenig Geld. Der Erste Weltkrieg war eben zu Ende gegangen. Auf schattenloser Straße marschierten wir den Dörfern an der Ostflanke zu. Jemand hatte uns erzählt, von einer der Ortschaften führe ein Weg bis an die Lavagrenze hinauf. Dort fange die Asche an. Aber dort, an der einsamen Ostseite, dürfe man nicht herumklettern. Der Vesuv war seit Wochen sehr unruhig.

Wir wollten den Aufstieg trotzdem versuchen. Hitze qualmte aus der schwarzen Schlackenstraße, die sich immer näher an den Feuerberg drängte. Auf einmal, hinterm letzten Haus des letzten Weindorfs, war der Weg zu Ende. Zwischen uns und der Lava lag der schmale Gürtel der Zitronen- und Weingärten. Ehe diese Pflanzungen durchquert waren, hatte uns ein Kind eingeholt, schenkte herben Rotwein in eine Tasse. Er war dick wie Blut. Erst als die Mühsal anfing, spürten wir die Stärkung. Die Mühsal hatten wir unterschätzt. Als wir nach einer Stunde bis über die Knöchel in der gleitenden Asche steckten, wollten wir aufgeben. Schon in den ersten Siedlungen hatte der Westwind von Zeit zu Zeit ein Rumpeln wie von fernen Gewittern oder von Sprengungen herübergetragen. Jetzt hörten wir's immer öfter. Wir blickten in den klaren Himmel, wischten uns den grauen Schweiß aus dem Gesicht. Das Donnern, meinte der Freund, komme aus dem Berge.

Wir gelangten manchmal an große Lavabrocken, die uns Halt gaben; dann wieder öffnete sich haustief eine Spalte, in die wir hinunterfuhren und aus der wir nur mit großer Anstrengung die alte Höhe gewannen. Über dem fernen Kraterrand schillerte eine kreisrunde, graugefleckte Wolke.

Wir blickten zurück. Zu unsern Füßen die Asche und unter ihr die bunte Welt. Sachte ging das klare Grün der Rebengärten in die tiefen Farben des Orangen- und

Zitronenlaubes über. Dort drüben, das fahle Quadrat, war Pompeji, dahinter der Golf. An seinen Ufern Garten an Garten. Das Meer gleißte, zog um das duftblaue Capri schneeweiße, bewegliche Säume. Gegen Osten hoben sich die Gipfel des Apennin aus dem Dunst. Wie Schlangen glitten die Paßwege an den baumlosen Hängen hinauf.

Wir stiegen weiter, vergaßen allmählich die Zeit. Wenn wir mit der staubfeinen Asche ein Stück bergab rutschten, griffen die Hände ins Leere. Ich weiß, daß ich unser Vorhaben verwünschte. Längst sprachen wir nicht mehr miteinander. Wir keuchten, wischten uns immer wieder den dunklen, brennenden Schweiß aus den Augen. Zugleich mit dem Donner spürten wir unter den Füßen ein Beben. Daß der alte Berg noch so lebendig war, hatten wir nicht geglaubt.

Wie wir, auf Händen und Füßen kriechend, die letzten hundert Meter, die steilsten, überwanden, weiß ich nicht mehr. Nicht vergessen habe ich, wie es war, als ich meinen Kopf über den Kraterrand hob.

„Er schaut die Erde an, so bebt sie. Er

rührt die Berge an, so rauchen sie."

Zwischen Dampf und schwefligem Qualm schossen riesige Stichflammen herauf. Für Sekunden leuchteten sie den ganzen Kraterkessel aus. Es brüllte und krachte. Eine lähmende Stille folgte. Der Schlund füllte sich rasch mit kreiselndem Nebel. Tief unten schien es zu hageln.

Erst jetzt sahen wir uns einmal an und erschraken vor unsern Gesichtern. So gut es gehen wollte, ließen wir uns nieder. Es gab da große schwarze Trümmer mit messerscharfen Kanten. Es lag Geröll herum, zwischen dem es wie aus Ventilen dampfte. Über unsere Köpfe fuhr ein kalter Wind, trieb in Fetzen den Rauch aus dem Kessel davon.

Da erblickten wir turmtief unter uns den Kraterboden. Rotglühende Bäche krochen neben- und gegeneinander. Aus der Mitte ragte fast bis zur Höhe des Vesuvs der Auswurfkegel. Aus den beiden Öffnungen schnob der bräunliche Dampf wie aus den Nüstern eines Höllentieres. Das Schnauben mischte sich mit dem Hall des Getöses tief unten.

Ehe wir einen Gedanken fassen konnten,

erfolgte schon der neue Ausbruch. Wir sprangen hinter unsern Lavaklotz. Auf Lanzen aus hellrotem Feuer fuhr es aus dem lärmenden Berg, jagte in die gelb schillernde Wolke, hielt an, kippte, kehrte zurück. Die Dämpfe zogen ab. Es wurde still. Es lockte uns unwiderstehlich, ein Stück in den Schlund hineinzusteigen. Wir kamen nicht weit. Der Hang war steil, das Gestein bröckelte. In dem beizenden Qualm wurde das Atmen schwer. Die Augen tränten. Wo wir mit dem Stock in den Boden stießen, rauchte es schweflig heraus: Atem des Berges.

Rasch kam die Dämmerung. Wir hatten nicht mehr an Zeit und Welt gedacht. Wir lagen in Deckung, und es war wie im Krieg. Wir warteten auf die Eruptionen, die sich im Abstand von etwa drei Minuten jagten.

Und jetzt, im schwindenden Licht, wurden wir immer einsamer. Zuletzt gab es nur noch die unterweltlichen Stimmen. Nur noch den Aufschlag und das Splittern des zurückkehrenden Gesteins. Die Stille, die sonst nirgends vernommen wird. Die zähe, schleichende Glut, in der es zuckte.

Wir froren nicht, obwohl es jetzt Nacht

war und der Wind immer gröber an den Haaren riß. Wir hatten seit Pompeji nichts mehr gegessen, verspürten keinen Hunger.

Ich war ein junger Kerl damals. Wie so viele vor mir war ich nach Italien gewallfahrtet, um den Süden, das große Rom, den Himmel, die Gärten, die Menschen des Mittelmeeres zu sehen. Dort drüben, dort unten, eingeschluckt von der Nacht, dehnte sich das Land in üppiger Schönheit. Vom Menschen gezähmt.

Gezähmt? Vom Menschen?

Mancher sagt, er sei ‚außer sich' gewesen. Aber dazu kommt es nicht so leicht. In jener Nacht, ich darf es sagen, waren wir für ganze Stunden nicht mehr bei uns. Wir lagen auf der heißen Asche, stierten in den offenen Leib der Erde. Wir sahen ihre Eingeweide, wie sie sich träge bewegten. Wir atmeten den ungekühlten, ungereinigten Feueratem. Kaum auszuhalten, ich sagte es, waren Finsternis und Stille nach den Ausbrüchen.

So wie dort oben, so war es schon, als die Erde noch ganz jung war. Die Feuer unter uns brennen heute noch. Ehe wir das vergessen, schlitzen sie hier oder dort unsern Stern von innen auf, lassen aus dem Meere neues Land steigen, zerspalten Berge und Inseln, lassen andere versinken. Setzen das bebaute Land, setzen Dörfer und Städte in Brand. Von einer Stunde zur andern, wie Pompeji.

Der Mensch wiederum geht mit dem Pflug über die kaum erkaltete Erde, baut wieder Brot und weidet die Herde. Ja, er öffnet furchtlos selbst den Leib der Erde, nähert sich den Feuern und wühlt nach Schätzen.

Dies und anderes bedachte ich nicht in jener Nacht, neben mir der Freund, der Mitmensch, ohne dessen Nähe ich sie nicht bestanden hätte. Oft krachten Trümmer nicht weit von uns nieder. Stein auf Stein. Dann prasselte es. Wir zogen die Köpfe ein und klammerten uns an den Block.

Nach Mitternacht brachen wir auf. Am Kraterrand wühlten wir uns auf die Gegenseite hinüber, wo die Lampen des Observatoriums schimmerten, sahen endlich unter uns die Lichterkette der Cook'schen Zahnradbahn. Neben ihr stolperten wir talwärts. Die Schuhe zerfetzt, Hände und Knie zerschunden, das Gesicht Schweiß und Asche, so erreichten wir den Ort Resina. In einem Gehöft unter hohen Nußbäumen sahen wir noch Licht. Der Bauer brachte uns eine Schüssel klares Öl und ein paar Stücke Brot. Schweigend betrachtete er uns, rief dann nach seiner Frau. Vom Berge kämen wir? Von ganz oben? Sie bekreuzigten sich.

Vogelschau

Das Schnarchen des Nachbarn weckte mich. Er brummte nicht, hielt auch nicht Takt wie die Gewohnheitsschnarcher, sondern gab von Zeit zu Zeit ungemütlich hohe Töne von sich. Das hatte mir schon das Einschlafen erschwert. Nach meiner Uhr war es sieben. Wo blieb das Tageslicht? Ich stieg über den Schnarcher und schlich zum Waschraum. Auf dem Rückweg stolperte ich über die Schuhe von Julia, unserer Stewardeß. Sie fuhr auf. „Wie spät?“ – „Halb vier. Ortszeit.“ – „Ortszeit?“ Julia winkte ab und zog die Schlafdecke um sich.

Alle schliefen. Ich tappte zurück und stellte die Uhr auf Ortszeit. Über welchem Ort unserer Welt mochten wir uns befinden?

Nach einer Stunde wachte ich zum zweitenmal auf, nicht vom Schnarchen geweckt. Unsere Maschine war vom Schüttelfrost befallen. Es bebte und rumpelte, als rutschten wir über Geröll. Die Tafel überm Durchgang wurde hell: „Anschnallen!" Wir schienen rasch zu steigen, in meinen Ohren knackte es. Noch war es Nacht, aber das Spinnwebgrau vorm Fenster gliederte sich, formierte sich zu Gebirgen, in die wir hineinrasten. Wir durchquerten sie, brachen durch Wolkentürme, durchbrachen alles, was sich uns in den Weg stellte. Steckten wir mitten drin, wurde es Nacht. Die Maschine fuhr zusammen, stürzte in ein Loch, zitterte. Dabei veränderten die Motoren ihre Stimme. Auch der Schnarcher fing an zu röcheln.

Nach einiger Zeit schossen von links Lichtschwaden in die himmlische Landschaft. Diese Landschaft ahmte, ins Gigantische vergrößert, die Oberfläche unserer Erde nach. Es erhoben sich Pyramiden und

Kathedralen, dazwischen die ernsten Gesichter der Luftgeister.

Kam das Morgenlicht von links, dann waren wir schon auf Südkurs, dann lag unter uns die brasilianische Küste. Gestern nacht, nachdem wir von Dakar aufgestiegen waren, hatte Julia – nur für den Ernstfall – das Anlegen der Schwimmweste vorgeführt. Im Vorderteil gab es da eine Art Taschenlampe. „Sie schaltet sich ein, sobald sie mit Wasser in Berührung kommt. Brennt vier Stunden.“ Da hatten wir in unserer kleinen Propellermaschine noch die ganze Breite des Südatlantik vor uns gehabt.

Jetzt sah ich weder Wasser noch Land, sah nur die Wolken. Ihre Farben – wo hatte ich dieses Schwefelgelb, diese brandige Röte schon gesehen? Auf dem Vesuv. In jener Nacht. Wie in dem Kraterkessel brannte und rauchte es hier; und wie dort: alles in tanzender Bewegung und Veränderung, die qualmenden Türme, die Schluchten. „Am Anfang schuf Gott Himmel und Erde.“ Es war wie an jenem Anfang.

Da riß unter uns die Wolkendecke auf und ließ ein tiefgrünes Land sehen, ließ nackte, rötlich-graue Napfkuchenberge sehen, auch einen Fluß, dunkel, als führe er Blut.

Mit einem Pfeifton fuhr der Nachbar in die Höhe. Neben uns im Gang stand Julia mit dem Frühstück. Der Fluß heiße Paraiba, sagte sie, und die Stadt, dort links im Delta: Campos.

Panama

Wäre es an jenem Oktobertag in der Republik Nicaragua nicht zu Unruhen gekommen, so daß der Flughafen geschlossen war und wir in Managua nicht zwischenlanden konnten, würde mir ein großes Vogelschau-Erlebnis, ein wahres Augenfest, entgangen sein. Die Zweimotorige, mit der wir die immer schmächtiger werdenden Kaffeeländer zwischen Mexiko und Kolumbien überflogen hatten, kletterte wieder auf ihre bescheidene Höhe von dreitausend Metern, nahm Kurs auf Panama. Weil wir uns dort nicht rechtzeitig gemeldet hatten, zogen wir bis zur Landeerlaubnis Kreise, zur Hälfte über der Karibischen See, zur Hälfte überm Golf von Panama. Jene ein Teil des Atlantik, dieser zum Stillen Ozean gehörend. Zwischen ihnen krümmte sich der schmale Landgürtel, der letzte Rest untergegangener Landmassen.

Es war Mittag. Die Sonne stand fast senkrecht über uns. Der Steward brachte mir etwas zu essen. Ich rührte es nicht an. Ich ließ keinen Blick von den rasch wechselnden Bildern unter mir. Ich wußte, daß sie mir nur einmal gezeigt wurden. Sobald die Maschine den Halbbogen über Colon und der Karibik ausgeflogen hatte, tauchte im Westen schon der Pazifik auf, in der Mitte die silberne Gürtelschnalle: Panama. Wozu das feste Land nicht imstande ist, das Wasser kann es: es erwidert das Sonnenlicht, wirft es vervielfacht in den Himmel zurück. Die See im Osten wurde unaufhörlich von glühenden Pfeilen beschossen. Tief atmend lag sie da und schoß zurück. Nicht so der panamesische Golf. Sein Wasser opalisierte; Grün, Blau, Violett und alle Zwischentöne liefen wie aus Scheinwerfern durch die flache Bucht. Es waren aber nicht die Farben, wie wir sie in unsern Breiten kennen, nicht das Grün der Sommerwiese und das Blau unserer Seen, nicht die reinen, unschuldigen Farben des Spektrums, sondern *Erscheinungen*, die man nie vergißt, die auch nicht wiederkehren. Nur im grauen Labradorstein, wenn die Sonne im richtigen Winkel einfällt, glüht es so auf.

Mit einem Blick sahen wir, was vielleicht nur die großen Vögel, die Albatrosse, sehen: zwei Weltmeere.

Chimborazo

Anders als wir lebten sie, Goethe und Alexander von Humboldt: ohne Telefon, ohne Auto, ohne Flugzeug, ohne Fernsehen. War das auszuhalten? Anstatt zu telefonieren, schrieben sie Briefe und Tagebuch. Dafür sind wir dankbar. Um nach Rom zu gelangen, rasten sie nicht in zehn Stunden über die Brennerbahn und die Autostrada del Sole von der Isar an den Tiber. Ihre Reisegeschwindigkeit war die der Postkutsche, des ruhig trabenden Pferdes. Wäre es schneller dahingegangen, gäbe es nicht Goethes „Italienische Reise". Ein anderer Deutscher, namens Johann Gottfried Seume, marschierte vor reichlich hundertfünfzig Jahren zu Fuß von Leipzig nach Syrakus und zurück. Auch er hinterließ ein Tagebuch, das ich mit Vergnügen lese.

Kaum verändert haben sich seither die ehrwürdigen Gesichtszüge unseres Heimatsterns. Ein paar Schrammen der Autobahnen, die Narben der Flugplätze, die zählen nicht: Verneigungen vor einer neuen Göttin mit Namen Citissima. Nein, die zweihundert Jahre seit Goethes Italienreise zählen nicht. Humboldts Berge stehen noch; sein Orinoco strömt zwischen den gleichen, von Stechmücken bevölkerten Ufern.

Ehe ich in Quito die Nachmittagsmaschine nach Guayaquil bestieg, erkundigte ich mich, auf welcher Seite wir den Chimborazo sehen würden. Entweder links oder rechts, hieß es. Je nach Wetter. Und wer weiß, ob überhaupt. Ich setzte mich an ein linkes Fenster. Die Stewardeß, klein wie ein Kind, brachte mir ein Glas Saft. „Sind Sie der deutsche Mann, der Chimborazo sehen will? Unser Kapitän weiß schon. Ich werde zeigen."

Wir hatten eben die Wetterzone erreicht, die Maschine stolperte in die heißen Aufwinde, da kam sie aus der Kanzel gerannt und zeigte mir Humboldts Chimborazo. Sie faßte mich am Handgelenk und hob meinen Arm: „Jetzt!" Der Berg, der alte Vulkan, erloschen, wie es heißt, trat aus dem Wolkengebräu wie ein Fürst, ließ uns sein vergletschertes Haupt, seinen zerfurchten Leib sehen, zog den Vorhang wieder zu. Ein Patriarch unter den Sechstausendern der Anden.

„Haben Sie gesehen?" – „Ich habe. Ich danke Ihnen! Sagen Sie auch dem Kapitän vom deutschen Mann: danke!"

Nur ein paar Augenblicke, nur ein paarmal Atem geholt; nicht einmal fotografiert; aber ich sehe ihn noch.

Pagoden

Seit es Flugzeuge gibt, die mit dem Schall um die Wette rasen, werden die Zwei- und

Viermotorigen zum Fußvolk des Verkehrs gezählt, jedenfalls vom versnobten Jet-Set. Zu dem gehöre ich nicht und bin immer gern in die kleinen Kisten gestiegen, weil sie langsam und niedrig fliegen, so daß ich das Land unter mir betrachten kann. Habe ich ein Stück Delta zu Ende angeschaut, blättert sich das Bilderbuch von selber um.

So ging es Bild um Bild von Dacca bis Rangoon. Aus dem bengalischen Himmel strömte ungebrochen das Licht auf die Landschaft aus Wasser und Dschungel, auf den Zusammenfluß von Ganges und Brahmaputra. Der dunkelgrüne Filz war durchbändert von den kupfern funkelnden Armen und Nebenarmen der beiden Riesenflüsse. Auf der Landkarte sieht alles wohnlich aus; aber dieses Gemenge von Sümpfen, träge ziehendem Wasser und Urwald ist menschenfeindlich.

Jetzt dröselte sich alles rasch auf. Sümpfe und Wälder versanken im Golf von Bengalen.

Nach der Zwischenlandung in Chittagong hielten wir die Mitte zwischen den Chin-Bergen und der Küste. Es gab viel zu sehen. In drei von Flüssen durchfurchten

Rippen stieg im Osten das Gebirge auf, dreitausend Meter und mehr. Es trennt das Tal des Irrawaddi vom Golf. Dort drüben lag Mandalay mit Klöstern und Pagoden. Dort fing das buddhistische Hinterindien an.

Das Land zwischen Küste und Vorbergen lag jetzt unter einem kunstvoll geknüpften Netz. Die Schnüre, das waren Dämme, die den Boden in Tausende von Reisfeldern teilten, und weil der Reis noch nicht aufgegangen war, flogen wir über ein riesiges Fenster mit blankgeputzten Scheiben. Wenn wir Ortschaften überquerten, standen in ihrer Mitte hohe Leuchttürme und blitzten zu uns herauf. Es waren aber Pagoden, mit Goldblech überkleidet. Wie Glucken auf dem Nest hockten sie zwischen den winzigen Hütten. Die Sonne spielte mit den Lotosblumen, mit dem Knauf, mit den Glocken rund um die Hauben. Diese Hauben, kupfern und golden: die Pilger aus Ceylon und Nepal, aus China, aus Japan und allen buddha-gläubigen Regionen des Ostens, halfen mit, daß die kostbaren Dächer nicht stumpf wurden oder gar Patina ansetzten. Auf ihren Fußreisen durch die Länder, den monatelangen Wallfahrten zur Goldenen Pagode in Rangoon, opferten sie in jedem Heiligtum Blattgold und Münzen. Ihre Reisschale wiederum füllten die Klöster und alle Frommen am Wege.

Ich hatte immer nur auf das lichtgetränkte Land hinuntergeschaut; auf einmal waren die Berge nicht mehr da, und der Irrawaddi war im Begriff zu münden. Er hat es freilich nicht anders gemacht als Nil und Mississippi und die andern großen Brüder, hat sich mit dem mitgeschleppten Löß das Tor vermauert. Nun muß er sehen, wie er seine Wasser ins Ziel bringt. Er spaltet sich, und jeder Arm spaltet sich noch etliche Male, und so arbeitet sich der braune Strom durch seine eignen Sperren ins dunkelblaue Meer.

Die Maschine ging im rechten Winkel vom Südkurs ab und steuerte den gleichen Punkt wie die Rangoon-Pilger an: die Schwe-Dagon. Sie ist die größte und herrlichste aller Pagoden. Drei Schleifen zog der Pilot über dem Tempelberg, ehe wir landeten. Da blieb keiner sitzen, alle drängten an die Fenster. Niemand sprach.

So ein Flug, womit vergleiche ich ihn? Mit nichts. Ein Geschenk. Ein Zuschuß zum Lebenskapital.

Arktis

Ein großer Flughafen, das ist die Welt auf kleinstem Raum. Die Menschheit trifft sich hier. Und von hier bricht sie wieder auf in die Welt. Sie sind alle vertreten, die Mächtigen und die andern, Untertan und Obrigkeit, Flüchtige, von Interpol gejagt, und Flüchtlinge, die eine neue Heimat suchen. Spione und Mekka-Pilger. Schmuggler von Weltrang und Künstler vom gleichen Rang. In Schachteln verpackt wie Mitbringsel sind Säuglinge unterwegs, werden an Bändern aufgehängt. Indische Großfamilien ziehen von einem Kontinent in den andern um, darunter Uralte, die die Maschinen nur ächzend erklimmen. Es gibt auch Reisende, die erst auf dem Flug zur Welt kommen. Was wird in ihrer Geburtsurkunde stehen? Geboren überm nördlichen Eismeer, geboren über den Anden.

Ein großer Flughafen bei Nacht – wer jetzt nicht spürt, was es heißt: unterwegs sein, dem ist nicht zu helfen. Wie umgetrieben sind wir alle, Treibende und Getriebene, wie furchtlos im Grunde. Hier sehe und höre ich es. Und auch anderes: die Nähe der Maschinen mit ihren Kräften und gereizten Stimmen, die sich auf einmal zu einer Art Wutgeheul erheben; im Hintergrund der Ordnungsgeist, der die Energien im Zaum hält und steuert; die Wachsamkeit der überall wachenden Augen und Ohren – wer das Organ dafür hat, dem teilen sich alle Spannungen und Vibrationen mit.

Flughafen Tokyo, dreiundzwanzig Uhr. Name und Vorname. Wann und wo geboren. Ledig, verheiratet, geschieden, getrennt lebend. Staatsangehörigkeit, Heimatanschrift. Vater, Mutter, Großvater, Großmutter. Wo und wie lange in Japan aufgehalten. Reisepaß: wo, wann, von wem ausgestellt, gültig bis wann. Bargeld in welchen Währungen, Reiseschecks, Wertpapiere, Schmuck, sonstige Wertsachen. Bücher: Verfasser, Titel. Alles aufgeschrieben, unterschrieben, abgegeben. Paß gestempelt, Gepäck kontrolliert und gewogen. Auf dem Fließband rollt die Habe davon. Möge ich sie wiedersehen!

Noch unsortiert sitzt das reisende Volk beieinander. Eine Menschenfamilie, wie sie Konfuzius im Geiste gesehen hat. Jeder würde jetzt gern in sein Bett steigen. Alle Augenblicke gongt es, eine hohe Mädchenstimme sagt Schnelles und schwer Verständliches über unsere Köpfe hin. Wer gemeint ist, sammelt sich still auf und zieht davon, verschwindet wie die Koffer auf dem Fließband.

Jetzt wir, ein kleiner Haufe, unterwegs nach Kopenhagen. Der Jüngste ein Kind, ein Junge von vielleicht zehn Jahren, angezogen wie ein Herr, mit Schleife und Lackschuhen. Mit dem gleichmütigen Blick des Reisegewohnten stellt er sich in die Reihe. Als ich so alt war wie er, las uns der Vater aus Nansens Büchern vor. Das war wie Legende. Die „Fram", „Pemmikan", aus Mehl und Fleisch gepreßt, die Speise aller Polarfahrer. Jetzt reisen schon die Kinder in Lackschuhen und ohne Begleitung über den Nordpol.

Der letzte Gang auf festem Untergrund steht unterm Kommando von Hildur. Sie hat jeden mit seinem Namen und in seiner Muttersprache begrüßt, den Jüngsten auf dänisch. In dieser Märznacht ist es kalt in Tokyo. Weit draußen rast eine abgehende Maschine über die Piste. Von allen Seiten dröhnt und zischt es, geht plötzlich in gellendem Pfeifen unter. Dicke Schläuche kriechen wie Riesenschlangen durch Ölpfützen, Gangways kommen leise angerollt.

Wir marschieren auf ein großes, festlich erleuchtetes Haus zu. Es ist unser Clipper. Der Seefahrer Sindbad hätte ihn für den Vogel Rock gehalten. Von der obersten Treppenstufe blicke ich in den unruhigen Himmel, auf das unruhige Stück Erde da unten, verschwinde dann wie Jonas im Bauch des Fisches.

Es ist still und friedlich im Bauch der DC–8C, die Tür nach außen verriegelt, die Treppe abgeschleppt. „Wie heißt der junge Herr aus Dänemark?" frage ich Hildur, als sie Decke und Pantoffeln bringt. „Ole Anderson. Wie der Dichter."

Sie haben einen besonderen Gang, die Töchter der Luft, federnd, als müßte fortwährend eine Gegenbewegung aufgefangen werden. Hildur redet mit jedem von uns wie mit einem guten Bekannten, setzt zugleich eine Grenze. Wer kennt die Welt, wer kennt die Menschen, die Männer vor allem, besser!

Jetzt werden die Düsen gezündet. Hildur setzt sich neben Ole, stellt seinen Gürtel enger, schnallt sich selber an. Sind die Maschinen in die Startbahn eingeschwenkt, dann halten sie noch einmal an, als sammelten sie Kraft für den Absprung. Bremsklötze werden gesetzt, die Aggregate auf Höchstleistung geschaltet. Unter dem ungeheuren Schub, dem er nicht nachgeben kann, rüttelt der Vogel Rock wie ein gefangenes Tier. Die Turbinen heulen furchterregend. Die Flagge geht hoch, die Klötze werden weggerissen, wir rasen davon. Was unter uns ist, rollt sich auf wie ein Teppich. Eine unsichtbare Faust preßt uns gegen die Lehne. Wir durchstoßen die Wolken. Im klaren Himmel steht der Mond. Zehn Kilometer liegen zwischen uns und dem Pazifik. Die Maschine zittert nicht mehr. Der Champagner, den Hildur einschenkt, steht ruhig im Glas.

In wenigen Minuten ist der Dienstag zu

Ende. Den Mittwoch, der jetzt in Japan anbricht, werde ich nicht erleben. Bald überfliegen wir die Datumsgrenze, dann ist noch einmal Dienstag. Mit diesem geschenkten Tag gewann Phileas Fogg, den Jules Verne in achtzig Tagen um die Erde reisen ließ, seine Wette.

„Noch ein Glas?" – „Ja, danke!" „Morgen früh bekommen Sie ein Smörgasbord de Luxe." – „Morgen, wann ist das?" – „Heute!" Wir haben die Datumsgrenze hinter uns. „Also Dienstag. Wie gestern." Hildur denkt nach. „Richtig. Wie gestern."

Ole schläft. Hildur hat ihm aus zwei Sesseln ein Bett gemacht und ihn zugedeckt.

Die Gedanken verwirren sich. Ich hätte das zweite Glas nicht trinken sollen. Wie mag es im Waschraum der „Fram" ausgesehen haben, als sie im Eismeer kreuzte? Gab es ihn? In unserm Clipper fließt warmes und kaltes Wasser wie daheim. Ich zählte vorhin neun verschiedene Flaschen mit Pflegemitteln und Wohlgerüchen für die Männerhaut, einige mehr für die der Damen. Gestapelt sind Handtücher und Seifen, ringsherum Lampen und Spiegel.

Hildur nimmt die Armlehne zwischen meinem und dem unbesetzten Nachbarsessel heraus, bringt Kissen und Decken. „Wie spät?" – „Zwei Uhr, Tokyozeit. Aber nein, die haben wir nicht mehr." – „Wie lange darf ich schlafen?" – „Vier Stunden. Bis Anchorage. Zehn Uhr dreißig. Anchorage-Zeit. Dienstag." – „Wir laufen also der Nacht davon." – „Nicht laufen, mein Herr! Schlafen Sie jetzt! Schlafen Sie der Nacht davon. Gute Nacht!"

Während der Frühstücke und anderer Mahlzeiten in der Luft werden fast immer sehenswerte Landstriche, Meerengen oder Gebirge überquert. Das reißt den in unsere Erde verliebten Esser hin und her. Hildur bringt Tee und sagt leise: „Alaska", wie man Köln oder München sagt. Ein weißes Land. An die zerrissene Küste brandet die Bering-See. Die der Sonne zugewandten Berglehnen leuchten rötlich. In den Tälern liegen blaue Schatten. Der Himmel ist klar wie an einem schönen Spätsommertag. Die Sonne selbst läßt sich nicht blicken.

Im nördlichen Horizont steht jetzt ein eisstarrendes Gebirge. Das muß die Alaskakette mit dem Mt. Mc. Kinley sein. Da fegen wir auch schon in geringer Höhe über die Bucht von Anchorage und setzen Punkt elf Uhr auf. Ich stelle die Uhr vier Stunden und den Kalender einen Tag zurück.

Die erste Stunde auf dem Weiterflug kann ich nie vergessen. In Spiralen ging es zur Zehntausend-Meter-Marke hinauf, dann über den wilden Mc. Kinley und das Yukon-Tal, das alte, schon legendäre Goldgräberland. Die Erde schwelgte in Licht, in starken, ungebrochenen Farben. Vor uns aber, im Norden, dämmerte es schon. Wie Spinnweben legte sich's übers Land, nahm den Farben die Kraft. Hinter der Brooks-Kette wurde es dunkel. Den Rand des Eismeers sah ich nicht mehr.

Ein kurzer Tag, dieser zweite Dienstag. Hildur schaltet die Lampen ein und bringt einen „Wacholder". Er soll, wie sie sagt, dem Smörgasbord „die Tür aufmachen". Zwei mehrstöckige Wagen rollen heran. Ich muß an Carl Larsson denken, den schwedischen Maler, an sein Bild: das Weihnachtsmahl. So festlich wie dort geht es jetzt im Anflug auf den Nordpol zu. Da meldet sich auch endlich die Dankbarkeit! Hier sitze ich ohne Pflichten und Beschwer.

Ich friere nicht. Treibeis macht mir nicht zu schaffen. Nicht einmal der harte, trockne Pemmikan muß verzehrt werden. Er gehört nicht zu dem opulenten Smörgasbord. Die große Stunde über Alaska, die unbegreifliche Leistung der Piloten dort im Cockpit, die freundliche Bringerin des Frühstücks – nichts davon versteht sich von selbst! Nansen, der unersättliche Sven Hedin, Livingstone und die andern alle hatten nicht sehen dürfen, was wir sahen. Langsam, unter Entbehrungen zogen sie durchs Weglose, Unbekannte, übers Eis, durch Salzwüsten und Fieberwälder. Dreißig ‚Kameltage', nämlich dreißig mal dreißig Kilometer, das ist *eine* Jet-Stunde.

Die Freundlichkeit der Frühstücksbringerin – kein Dank ist zu groß für die Mädchen der Luftfahrt. Was sie können, was sie während des Dienstes hergeben, ahnt nicht einmal der, der sie auf langen Flügen beobachtet hat. Sie müssen sprachenkundig, quick und charmant sein und eine gewisse Taillenweite haben, dürfen weder ungeduldig noch müde werden. Ich sehe Hildur, wie sie den Knaben Ole schlafenlegt.

Auch Julia, die uns zwischen zwei Kontinenten die Schwimmweste mit dem roten Auge erklärt. Lächelnd: Es wird nicht dazu kommen. Wird es nicht?

Da waren Monsungewitter, Motoren und Turbinen fielen aus, und Fahrgestelle ließen sich nicht mehr bewegen. Einmal rollte beim Aufsetzen ein Rad davon, die Maschine kippte, und wir verließen sie nicht auf die übliche Art. Ein andermal, überm Südatlantik, fing von vier Motoren einer zu brennen an. Betrunkene Fußballspieler aus Porto Alegre prügelten sich und zückten das Messer gegen die Stewardeß. Während eines Unwetters über Malaya stürzte hinter uns die Kombüse zusammen. Es rasselte infernalisch, der ganze Kaffeevorrat kam herrlich duftend dahergeflossen. Jemand schrie. Immer lächelten die jungen Damen, redeten mit uns wie mit erschrockenen Kindern.

„Mitternacht!“, sagt Hildur, fragt, ob ich schlafen möchte. „Aber der Nordpol?“ – „Zwischen drei und vier. Soll ich wecken? Aber warum? Man sieht ihn nicht.“

Was ich sehe, drei Stunden vor Kopenhagen, ist ein Nordlicht, ein in der Finsternis frei schwebender, bunter Vorhang, gelb und gelbrot leuchtend. Sachte wie ein Segel beim Wenden bauscht er sich, die Längskanten schwingen hin und her.

Wo sind wir? Ich schlafe noch einmal ein, tief wie lange nicht. „Anschnallen!“ sagt es leise neben mir. Meine Schuhe sind heimlich davongewandert. Ich ertappe sie zwei Reihen vor mir. Längst hat Ole seine Schleife gebunden. Neben ihm sitzt Hildur, eine flotte Mütze überm Haar. An der Treppe sagt sie jedem Lebewohl, jedem in seiner Muttersprache. Sie wird morgen oder übermorgen nach Japan zurückfliegen.

Hinterm Schalter der Paßkontrolle winkt und lacht eine junge Frau, winkt Ole, der sich als letzter durch die Drehtür arbeitet, in der einen Hand die SAS-Tasche, in der andern eine kleine, künstliche Blume aus Tokyo.

JANGTSEKIANG

Unterwegs auf einem großen Fluß! Mir geht nichts darüber. Ein paarmal bin ich die Donau auf und ab gefahren, von Passau bis dorthin, wo der Strom einsam wird. Nicht ganz einsam; denn die letzten Auenwälder vorm Schwarzen Meer hallen wider von den Gesprächen und Gesängen der Vögel. Es mögen Millionen sein, die dort für immer wohnen.

Den Jangtse habe ich mit meiner Frau zweimal befahren, stromauf und stromab, vor mehr als vierzig Jahren. Es gab noch keine Brücken, gab aber viel, was es heute nicht mehr gibt. Weil ich gesagt habe, es ginge mir nichts über eine Flußreise, erzähle ich davon, halte mich dabei ans Tagebuch jener letzten Fahrt in China.

Sie fing auf dem Siangkiang an, unserm Fluß. An seinem Westufer hatten wir lange gewohnt. Jetzt, im Juni, führte er Hochwasser, und sogar die Passagierdampfer aus Schanghai kamen bis zu uns nach Tschangscha herunter. Ein solches Schiff war die „Shasi".

Von Freunden begleitet, hatten wir unser Haus gegen Abend verlassen und wollten dem am Tor wartenden Koch, dem Hausjungen und dem Rikschamann in aller Stille noch einmal danken und Lebewohl sagen. Da knatterten von allen Seiten Abschiedssalven. Der Hausjunge, an einem Besenstiel ganze Gurte von feuernden Platzpatronen schwingend, setzte sich an die Spitze des Zuges. In gleicher Ausrüstung marschierte der Rikschamann hinterdrein. Als wir das Tor passierten, ließ der alte Gärtner seinen schütteren Bart fast bis zur Erde sinken. Es hatte sich niemals klären lassen: War er unser Gärtner oder hielt er sich nur dafür? Statt unsere Rosen zu beschneiden, hatte er in einer Ecke des Gartens Weißkohl gebaut und auf eigne Rechnung verkauft. Rechts und links lösten sich während der Ehrenbezeigung des Alten ein paar Böller der oberen Preisklasse, ob uns zu schützen oder unsere unchinesischen Ausstrahlungen unschädlich zu machen, darüber konnten wir jetzt nicht nachdenken. Halb betäubt von Pulverdampf und Geknatter bewegten wir uns zum Anlegeplatz. Dort trat Da-se-fu, der

Koch, mit tränenden Augen an uns heran und ergriff unsere Hände. Er zitterte wie immer, aber sein Blick war ruhig und gesammelt. Die Fährleute sahen es und mögen sich über den bewegenden Abschied gewundert haben.

Die „Shasi“ war ein schnelles Schiff, von Engländern gefahren, kein Raddampfer wie „Uranus“ und „Neptun“, die damals noch zwischen Wien und Giurgiu Dienst taten. Sie hatte noch vor Mitternacht abgelegt. Eine Weile lauschte ich auf den Lotsen, der auf dem Vorschiff die Fadentiefe zur Brücke hinaufsang, in wehmütigem Moll wie die Straßenköche. Jetzt, am späten Vormittag, näherten wir uns bereits dem Tungting-See. Die Ufer unseres Siangkiang rückten auseinander, wurden immer niedriger, waren bloß noch schmale Dämme, hinter denen sich unübersehbar die überschwemmten Reiskulturen ausdehnten. Die grünen Nester in dieser gleißenden Wasserwüste waren Gehöfte, jedes unter einem Kranz dunkler Kampferbäume. Unvermerkt waren wir in den See eingelaufen.

Unsere Mitreisenden hatten sich in die Kabinen oder in einen der Sonne abgekehrten Winkel geflüchtet. Wir waren die einzigen, die es unter dem Sonnensegel aushielten, den Deckstuhl quer zur Fahrtrichtung, die Füße auf der untersten Relingstange. Wie an dem Mann im Märchen wanderten an uns die Ufer vorüber, während die „Shasi" stillzuliegen schien.

Vom Tungting-See erzählten sich die Chinesen viele Geistergeschichten. Auf seinem Grunde und tiefer noch in geheimen Räumen hausten boshafte Dämonen, Drachen und halbgöttliche Plagewesen, die den Menschen im Dorf bei Nacht besuchten und quälten. Ihnen mußte oft und viel geopfert werden. In Wahrheit ist der See ein großer Wohltäter. Wenn in Tibet und im Vierstromland Setschuan der Schnee schmilzt und der Jangtse die Überfülle nicht mehr aufnehmen kann, stauen sich die Wasser, fluten zurück, würden ganze Provinzen ersäufen, wenn nicht der Tungting-See sie sammelte. Zur Regenzeit entläßt er sie und schrumpft so zusammen, daß größere Schiffe ihn nicht mehr durchfahren können.

Jetzt hatte er seine gute Zeit. Ganze Flotten schwerbeladener Dschunken waren unterwegs. Der Südwind hatte aufgefrischt, ohne Mühe hielten sie mit der „Shasi“ Schritt. Die Großen hatten haushohe Aufbauten. Manche fuhren unter tabakbraunen, andere unter safranfarbenen Segeln. Immer wünschte ich mir, auf einer Dschunke zu reisen, aber immer gab es Unruhen und Bandenkriege. Die Flüsse waren so unsicher wie die Straßen.

Es besteht ein heimliches Einverständnis, ja eine Geistesgemeinschaft zwischen Mensch und Werkzeug. Die Schere des Chinesen liegt anders in der Hand, weicht von unserer ab. Sie ist für eine andere Hand erdacht und gebaut. So sind auch Dschunke und Schiffer ein Paar, ein Muster-Ehepaar; und der Umriß einer Dschunke, ob sie im Gegenlicht auf uns zusegelt oder uns überholt, könnte ein chinesisches Schriftzeichen sein. So ein Fahrzeug: auf ihm kommen die Kinder zur Welt, kennen kein anderes Heim; die Familie wächst; die Alten sterben; einer von den Jungen übernimmt das Kommando. Die Dschunke, tagaus, tagein gepflegt wie ein

Neugeborenes, lebt, reist stromauf, stromab, die wechselnden Monsune im Rücken, über sich den heißen Sommerhimmel mit seinen grellweißen Wolkenriesen oder die schweren Regenschleppen des Winters. Alle leben von Gunst und Laune der Flußgottheiten, der Drachen und Dämonen, die auf Weihrauch und Feuerwerk bestehen. Kein Schiffer versäumt es, den unberechenbaren Mächten über und unter sich zu opfern. Keine Fahrt wird angetreten, ehe nicht ein paar Gurte Platzpatronen, firecrackers genannt, den Weg freigemacht haben.

Gegen Abend des ersten Reisetages zeigt sich auf dem steilen Ostufer die Stadt Jotschou. Ihre Befestigungen sind gegen den See durch ein kolossales Wehrtor verstärkt. Auf den dicken Mauern hocken drei Tempel. Wie eine Fanfare aus Gelb, Grün und Blau stehen die geschweiften Dächer über der trotzigen, kleinen Stadt. Mauern und Türme tun noch in dieser Zeit den gleichen Dienst, den sie unsern Städten im Mittelalter leisteten. Alle sind vom Bandenkrieg bedroht, denn Hunan ist reich an Reis. Selbst die Stadt, in der wir wohnten und deren Mauern bloß noch in Bruchstücken vorhanden waren, hat sich mit Gräben, Sappen und elektrisch geladenem Stacheldraht eingeigelt. Das zieht sich viele Kilometer durchs Vorgelände. Auf den Hügeln stehen dicke Wachttürme. Und saßen wir nicht unlängst die ganze Nacht neben zwei gepackten Taschen, lauschten auf das Alarmsignal vom britischen Kanonenboot: zweimal lang, zweimal kurz? Unsere Stadt, die Hauptstadt der Provinz, in ihr eine Million Menschen, war umzingelt, so hieß es, und wehe den Fremden, wehe den Christen, wehe allen reichen Chinesen, wenn der Feind die schwache, unzuverlässige Verteidigung überrannte und sich hier niederließ!

Der Koch, in jener Nacht, wußte es besser. „Missie", sagte er tröstend zu Else, „I think no good men no come Tsangsa-side." Das hieß: Werden nicht hereinkommen, die schlechten Kerle.

Am dritten Tag der Reise trennten wir uns für immer von unserm Siangkiang und schwenkten in den Jangtse ein. Sein Wasser kommt aus menschenleeren Gletscherwüsten. Niemand sah bisher seine Quelle, so heißt es. Es war der gealterte, der milde und still gewordene Jangtse, den wir befuhren. Er raste und tobte nicht mehr wie in den Schluchten von Setschuan, verschlang die Schiffe nicht, riß nicht die Treidler vom Felsen herunter. Gemächlich wanderte er durch eine der volkreichsten Landschaften der Erde. An beiden Ufern reihte sich Dorf an Dorf. Kanäle durchschnitten die Felder. Am Horizont kamen und gingen die Segel von nicht zu zählenden Schiffen. Über uns wölbte sich ein hoher Himmel. Wie hoch er war! Ein solches Blau sahen wir lange nicht. Man konnte es vergessen, wenn man in den Regentälern lebte. Und doch war uns das Herz schwer, der Abschied noch nicht überstanden.

Ein letztes Mal mußte sich der alte Strom durch verengte Ufer zwängen; aber wenn er im Vierstromland jedes Hindernis mitten entzweigeschnitten hatte, ließ er sich jetzt von den Ufern führen. In jede Bucht kroch er hinein, wich jedem Hügel aus. Er wurde sogar zum See, über dem die Fischadler kreisten. Die bläulichen Ketten des Luschan spiegelten sich in ihm. Auf kleinen, schmalen Flößen kauerten Fischer und schickten ihre Kormorane in das klare Wasser. Über die Hügel schritten zinnenbekrönte Mauern. Wachttürme und Pagoden hockten auf jedem Berg.

Ausgeruht nahm der Fluß seine Reise wieder auf. Beweglich wie Kulissen, verschoben sich die blauen und rötlichen Wände im Süden, traten auseinander, wiesen den Weg, den alle Ströme gehen.

Gegen Mittag des vierten Tages erreichten wir Kiukiang. Schon am Morgen war es auf der „Shasi" unruhig geworden. Die Kabinen leerten sich. Alle weißen Frauen und Kinder stiegen hier aus. In Tragstühlen reisten sie weiter hinauf nach Kuling, wo sich im Sommer alles traf, was die heißen Monate in der Ebene nicht aushalten konnte. Grauenhaftes Geschrei brach los, als die ersten Kuling-Pilgerinnen ihren Fuß an Land setzten. Was sie an Koffern, Schachteln, Kinderwagen mitführten, im Handumdrehen war es eine Beute der seit dem Morgengrauen wartenden mehr als hundert Last- und Sänftenträger, damals noch Kulis geheißen. Die Frauen setzten sich wütend zur Wehr, damit ihnen nicht auch die Kinder entrissen, sie selber zerrupft und entblättert wurden. Es dauerte Stunden, bis die Karawane sich formiert hatte und unter Zanken und Lachen der Vormänner den Marsch in die kühleren Regionen antrat. Wir auf der „Shasi" freuten uns über die wiedergekehrte Stille, die sich über Hafen, Fluß und Schiff niederließ.

Weiß und Gelb – als wir vor Jahr und Tag diesen Fluß in der Gegenrichtung befuhren, Grünhörner, wußten wir noch nicht, hätten es auch nicht geglaubt, wie breit und tief der Graben war, den der weiße Mensch zwischen sich und der andern Hautfarbe ausgehoben hatte. „Dogs and Chinese not allowed", stand neben der Tür zum Ausländerclub, in den wir schon bald eingeführt wurden. „Kein Zutritt für Hunde und Chinesen!" Von diesem Schreck erholten wir uns schon deshalb nicht, weil die Chinesen, mit denen wir umgingen, Studenten, Lehrer und Gelehrte, aber auch die Ungelehrten, auf uns zukamen, als gäbe es keinen Graben. Gegen solche Großmut hilft nur Dankbarkeit!

Die „Shasi" blieb den ganzen Nachmittag

vor Kiukiang liegen. Eine Pflegerin vom amerikanischen Hospital in Tschangscha und ein welterfahrener Weißrusse waren unsere letzten Gefährten in der Kabinenklasse. Wir rückten mit den Liegestühlen zusammen, tranken kühles Ingwerbier und fragten uns, wie es mit diesem Lande weitergehen würde. Nach Maos „Langem Marsch", begonnen in unserer Provinz, war das „Große Pferd", danach schlechthin „Vorsitzender" genannt, jetzt im Begriff, eine Gegenregierung aufzustellen, irgendwo im Nordwesten. Zuverlässige Nachricht hierüber gab es nicht. Im Jahr zuvor hatten die Japaner die chinesische Mandschurei besetzt und rückten leise nach Süden vor. Schon war es nicht mehr möglich, nach Peking zu reisen. Die friedlichen, die reichen Ufer, zwischen denen wir unterwegs waren, – wie lange hatten sie noch Frieden?

Aber waren sie überhaupt befriedet? In den Dörfern unterm Dach der Kampferbäume, wir wußten es, wohnte die Armut, wohnte die Angst vorm Pächter, die Angst vor links und rechts.

„Ich wandte mich und sah an alle, die

Unrecht leiden unter der Sonne; und siehe, da waren Tränen derer, so Unrecht leiden und hatten keinen Tröster; und die ihnen Unrecht taten, waren zu mächtig, daß sie keinen Tröster haben konnten." So der Prediger Salomo im 4. Kapitel.

Eben hatten wir die Fahrt wieder aufgenommen, da stieg über den Kuling-Bergen ein Unwetter auf und folgte uns. Alle Dschunken flüchteten ans Ufer. Aus dem Tal, das zum Poyang-See führt, jagte der Sturm eine Regensäule auf uns zu, trichterförmig wie eine Wasserhose. Mit zerwehenden Enden taumelte sie heran, begrub uns wie unter einem Wasserfall. Die „Shasi" schlingerte stark. Der Jangtse war grau und leer. Nach einer Weile wurde es über uns klar. Während am Horizont noch scharf umrissene Wetterwände umherwanderten, schwang sich von Ufer zu Ufer ein Regenbogen.

Die Dschunken wagten sich aus ihren Schlupfwinkeln. Im trügenden Abendlicht war es, als hätten sich ihre schweren Leiber vom Wasser gelöst und schwebten wie Vögel darüber hin. Wie sie sich jetzt hintereinanderreihten, waren sie nicht zu zählen, immer nahe an den Uferbänken, ein Segelgefieder wie Porzellan.

In der halben Dunkelheit wuchs mitten aus dem Strom ein Ungetüm, ein steiler, turmhoher Felskegel, in seinen Wänden Treppen und Höhlen, auf den Vorsprüngen Klöster: die „Kleine Weisen-Insel", Wohnsitz berühmter Mönche.

Nun war es Nacht. An den fernen Ufern kein Licht. Vom Zwischendeck Gemurmel. Der Lotse sang: „Dreißig Fuß. Neunundzwanzig Fuß." Wir fuhren mit abgeblendeten Laternen durch die Piratenregion.

Am Morgen des sechsten Reisetages fragten wir uns, ob das noch der Fluß war, den wir gestern befuhren. Vielleicht war es schon die offne See, das Gelbe Meer. Hier wie dort: kein Ufer. Salzwind blies uns ins Gesicht. Er kämmte das lehmbraune Wasser gegen den Strich. Kräftiger Wellenschlag bedrohte unser Gleichgewicht. Auch die innere Verfassung kam in Unordnung. Wir klappten die Liegestühle, diese Gefäße des Wohlbefindens, zusammen und fingen an zu packen. Um Mitternacht kehrte die „Shasi" dem ins Ungemessene gewachsenen Jangtsekiang den Rücken.

Sobald der Whangpoo erreicht war, gewann unser Schiff seine ruhige Gangart zurück, doch fanden wir keinen Schlaf. Der letzte Tag der Flußreise brach an. Kühl brach er an, überm Whangpoo hingen dicke Nebel. Wir machten langsame Fahrt. Dschunken überholten uns. Wie Gespenster tauchten sie auf, tauchten unter und auf ohne Geräusch. Der schneeweiße Leib eines französischen Schnelldampfers schob sich vorbei. Von den haushohen Decks blickte man auf unsern kleinen Flußkahn herunter. Der Nebel zerriß endlich und zog über Land. Ein großmächtiges Bild entrollte sich. Wer sich gern in der weiten Welt umtut und wer sie auch liebt, dem greift es ans Herz. In uns lebten ja noch die Tage auf dem stillen Strom, darum überwältigte es uns: Schiff an Schiff, Frachter und Passagierdampfer, Kriegsschiffe, Schiffe aus USA, aus Italien, aus England, Deutschland und allen Enden der Welt: dazwischen das bewegliche Volk der Barkassen und Yachten und Barken; die schwerfälligen, koggenförmigen Hausboote aus Hangtschou, nicht unähnlich der „Santa Maria" des Kolumbus; Hochseedschunken mit zerfledderten, rostroten Segeln; Sampans, die sich mit Bambusstangen an den Eisenwänden der Riesen entlangstakten.

Was mit den sieben Meeren und ihren Küsten Umgang pflegte, war hier versammelt und vertäut, holte tief Atem, um wieder nach Frisko oder Pernambuco aufzubrechen. Zu ihnen gehörten auch wir, unterwegs nach Japan, nach Celebes und Bali. Nur nicht hinterm Ofen hocken und sich von Eichendorff beschimpfen lassen: „...sedet post fornacem et habet bonam pacem."

Vor uns erhob sich ein Steingebirge. Um die höchsten Stockwerke hing noch der Morgendunst. Von der „Shasi" flog das erste Haltetau hinüber auf den ‚Bund' von Schanghai.

Ganges

Er hatte den höchsten Wasserstand des Jahres erreicht. Fast unhörbar jagte er die Front der Paläste, der Tempel und Verbrennungsghats entlang. Aus den Mauernischen saugte er das ruhige Wasser heraus.

Es schmatzte und gurgelte an allen Kanten und Löchern. Die bescheideneren Ufertempel streckten nur noch die Türme aus dem gelben Gebrodel. Noch wenige Meter, und der Ganges hatte die Plattformen erreicht, von denen der Qualm verkohlender Leichname quer über den Strom schwelte. Über dem türmereichen Benares ballten sich grellweiße Wolken.

Mit sieben Männern saßen wir in einem auf- und abtanzenden Boot. Vier der Männer ruderten aus Leibeskräften, die andern drei, nackt bis auf das Lendentuch, kletterten wie Affen an Mauervorsprüngen und Gesimsen herum, hielten uns am Seil und bugsierten uns um die Ecken. Ohne sie hätten wir uns in der Strömung nicht halten können.

Als wir unterhalb des ‚Goldnen Tempels' das Boot bestiegen, wußten wir nicht, daß uns die aufregendste, die bedenklichste halbe Meile aller unsrer Flußfahrten bevorstand. Noch ein Superlativ: Weder vorher noch nachher ist uns ein so nachhaltiger Anschauungsunterricht geboten worden. Kein Studium, kein Buch, kein Gespräch kann ihn ersetzen.

In den Buchten, die einen Palast vom andern trennen, staute sich das Wasser. Hier standen Mensch an Mensch die Gläubigen halben Leibes in der heiligen Flut. Sie sprachen Gebete vor sich hin. Sie hoben Hände und Augen zur Sonne und tauchten dann unter. Der Ganges, dem Haupte Schiwas entströmend, reinigt Leib und Seele, schwemmt die Sünde weg ins Nirgendwo. Jede Kaste hat ihre Badestelle und jede Badestelle ihre besondere Gnadenwirkung. Gebet und Bad am Manikarna-Ghat sühnt auch die Todsünden, auch den Mord.

Von allen Enden der indischen Welt nahen sich bis zum heutigen Tag die Mühseligen und Beladenen, Gesunde und Kranke, Missetäter und Heilige, dem erlösenden Strom, der heiligen Stadt Benares, diesen Stufen. Sie wälzen sich durch den fußtiefen, heißen Staub der Landstraßen, betteln sich durch die Dörfer. In den Tempeln vollbringen sie harte Bußübungen. Manche kommen von den Schneebergen herab, andere aus den wüstenhaften Hochebenen des Südens. Nach jahrelanger

Askese sehen sie, was wir sahen, die kreiselnde, bräunliche Flut, heilend, befreiend. Hier vor unsern Augen steigerte sich ein bis in die Eingeweide reichender Glaube zur Besessenheit, zur Selbstaufgabe, zur Entrückung.

Unter Aufbietung aller Kräfte kämpften sich die Ruderer von Ghat zu Ghat. Wenn das Boot sich aufbäumte, klammerten wir uns an die Spitze. Zwischen dem Palast des Maharadschas von Jaipur und dem eines nepalesischen Fürsten glückte es, unser Fahrzeug für kurze Zeit festzumachen. Von der Marmortreppe, die zum Ganges hinunterführte, sahen wir nicht eine Stufe, sie war von Menschen und Wasser überschwemmt. Die Beter hockten familienweise unter riesigen geflochtenen Schirmen oder standen in der prallen Sonne. Wir hörten sie murmeln. Es klang wie Schleifmaschinen, nicht wie Sprache. Wir sahen, wie sie sich langsam niederließen, erst bis ans Kinn, wie sie tranken und lange tauchten. Uns sahen sie nicht.

Der Ganges trieb in diese Treppenschluchten viel Unreines hinein, totes Getier, faulende Früchte, die Asche der

Verbrannten. In der unversieglichen, immer sich erneuernden Gnadenflut war es wie ein Blutstropfen im Meer.

Am letzten Ghat stromauf sprangen die drei mit dem Tau von einem Mauervorsprung zu uns ins Boot, und schon trieben wir in der Strömung. Mit Rudern und Stangen und unter scharfen Schreien wurde das Fahrzeug gehindert, sich ins Offne zu begeben. In schwindelnd schnellem Dacapo glitten alle Bilder noch einmal vorbei, bis es gelang, zwischen ankernden Lastkähnen anzulegen.

Wir stiegen zum Jalsain-Ghat hinauf und durften gegen Bezahlung das Viereck betreten, Ungläubige und also gottlos, auf dem soeben drei Leichen verbrannt wurden. Auf demselben Platz ließen sich in einer uns noch nahen Zeit die Witwen verbrennen, lebendigen Leibes. An einem Schrein neben den Scheiterhaufen sahen wir die Abdrücke von Kinderhänden. Es waren die Hände von sehr jungen Frauen, die vor ihrem Tode diesen Abdruck im feuchten Ton hinterließen. Zum Gedächtnis. Blumen lagen davor.

LIEBESBRIEF AN EIN TAL

Als ich dich zum letzten Mal besuchte, mein Tal, stieg ich eines Nachmittags auf den Blauen Berg. Den habe ich immer geliebt, weil er weglos ist, nur mit Heide und Wacholder bewachsen. Er ist ein Sonderling und hat sich darum nicht zu den andern Bergen hingestellt, zwischen denen die Biele, dein Kind, ihr Bett gegraben hat. Mitten im Ebenen ließ er sich nieder, und deshalb konnte ich von seinem struppigen Schädel rundherum alles betrachten, deine Waldberge, deine Wiesen und Felder, den Fluß und die kleine Stadt, in der ich zur Welt kam.

Als ich an jenem Nachmittag wieder hinunterstieg, nahm ich mir ein Stück Flechte mit, die auf der Wetterseite eines großen Steines wuchs. Es hielt sich lange in meiner Tasche. Ich zog es oft hervor, bis es zerkrümelte.

Ich hätte dir öfter schreiben sollen, habe so viele unnütze Briefe geschrieben. Und jetzt –, weil ich mich nicht mehr sehen ließ, bist du zu mir gekommen und geblieben. Wohnst bei mir. Warum also ein Brief an dich, den Hausgenossen? Lies ihn nur! Wirst bald merken, daß es ein Liebesbrief ist.

Du hast mich immer beschenkt. Das habe ich hingenommen wie Essen und Trinken, habe wenig dazu gesagt. Ehe es zu spät ist, will ich das Ungesagte niederschreiben. Für dich und mich.

Jemand, der auch an der Biele wohnte, unterm Stachelberg, schickte mir vor ein paar Tagen ein Bild vom Nepomuk, der auf der Johannesbrücke steht. Er steht noch dort, so wird versichert, ums Haupt den Sternenkranz, im Arm den Gekreuzigten. Ich erkannte ihn gleich als deinen und meinen Nepomuk, so oft ich ihm auch auf andern Brücken begegnet bin. Auch er würde mich erkennen. Wie viele Male ich an ihm vorüberging, neben ihm stand, um in das Forellenwasser da unten zu schauen, das ist nicht zu zählen.

Indem ich wieder und wieder sein Bild betrachte, machen sich die Gedanken auf den Weg zu ihm, zur steinernen Brücke über der blanken Biele, zu dir, mein Tal.

In dem Bilderteppich meines Lebens, ich erkenne es jetzt, bist du das Herzstück und das Grundmuster. Ohne dich fiele alles auseinander. Lesen und schreiben brachten mir die Lehrer bei. Sehen und hören lernte ich bei dir. Du bist schön! Du bist schöner als Mensch und Tier, tröstlicher als die Musik. Niemand sagte das. Ich sah es, wußte es immer. Deine Schönheit war überall, umgab mich wie die Luft. Soll ich sie beschreiben? Ich werde mich hüten. Deine Farben, deine Kleider, man kann sie nicht kaufen. Welche Hand sollte dich malen? So reicht auch die Sprache nicht aus. Jeden Tag trugst du dich anders. Manchen Tag zogst du dich dreimal um. Und viermal im Jahr nahmst du eine andere Gestalt an.

Wir veralten. Du bleibst jung.

Wie alles wahrhaft Schöne bist du schweigsam; aber ich hörte dich überall leise sagen; „Sieh mich an!“ Darum sehe ich dich noch jetzt. Du hattest so viele Stimmen, und wie konntest du erzählen! Ich saß an den heißen Feldwegen, lag im hohen, kühlen Waldgras und hörte zu. Niemals sprachst du laut. So lernte ich hören.

Als sie mich in die Schule schickten, in das Land auf der andern Seite, meinte ich erst, du seist mir nachgereist. Du warst aber geblieben, wo du heute noch bist. Da entstand irgendwo in meinem Innern ein Hohlraum. Dort nistete sich das Heimweh ein. Es ist eine schreckliche Krankheit. Du weißt nichts davon, bist immer daheim. Es soll Tiere geben, die daran zugrundegehen. Damals ließen meine Kräfte nach. Auch konnte ich mich nicht mehr freuen. Es war niemand mit mir zufrieden.

Seltsam, daß wir die wahren Lebensgüter, Freundschaft und Liebe und Heimat, auch Vater und Mutter, ja auch die Gesundheit von Leib und Seele, daß wir sie erst begreifen, wenn sie abhanden gekommen sind. Seltsam und schrecklich, daß wir uns erst im Alter an die Dankbarkeit erinnern! Sie könnte der Goldgrund sein, auf dem wir unser Leben führen. Sie macht doch alles hell. Sie bewahrt vor der Armut.

Als ich dich in den ersten Ferien wiedersah, wurde ich von einer Stunde zur andern gesund. Vielleicht sehen die Augen, wenn sie sich mit Tränenwasser gewaschen haben, mehr als vorher. Bei jeder Heimkehr meinte ich, du werdest heimlich immer schöner, bis mir aufging, daß Schönheit und Wahrheit wie Geschwister sind, und daß sie eine dritte Schwester haben, die Güte. Wo ich ging und stand, auf dem Blauen Berg oder weit dort hinten, wo unsere Biele herkommt, wo du selber deinen Anfang nimmst, Tal, da sah ich euch. Ohne Wanken steht ihr auf unserm uralten, ehrenfesten Gestein, auf Granit und Gneis.

Auch du blicktest mich bei jeder Wiederkehr aufmerksam an, du kanntest mich doch. Wenn ich dir vorlas, was die Dichter von Himmel und Erde gedichtet haben, hast du zugehört, hast dich in den Lobgesängen wiedererkannt.

Nach langen Jahren in der Fremde verlangte mich nach deinem Gesicht; aber da war die Tür zugeschlagen und von innen verriegelt. Noch einmal kam jene Krankheit über mich. In einem Buch las ich den Satz: „Ihr alle kennt die wilde Schwermut, die uns bei der Erinnerung an Zeiten des Glücks ergreift." Ein paar Zeilen weiter hieß es: „Dann will es uns scheinen, als hätten wir das Maß des Lebens und der

Liebe nicht bis zum Rande gefüllt gehabt, doch keine Reue bringt das Versäumte zurück."

Das Maß des Lebens und der Liebe –!

Mit den Jahren ist der Schmerz gelinder geworden. Alles, was einmal sehr weh getan hat, geht endlich zur Ruhe. Wie es gekommen ist, weiß ich nicht. Jetzt – ich habe es schon gesagt –, weil ich mich nicht mehr bei dir sehen ließ, bist du zu mir gekommen. Durch die verriegelte Tür. Wohnst bei mir.

DIE MUTTER

Die Augen lassen nach. Immer öfter putze ich die Brille. Das innere Gesicht indessen wird tüchtiger. Es reicht schon ein gutes Stück weiter als früher. Ganz hinten, durch sieben Gewölbe hindurch, jedes ein Jahrzehnt, erkenne ich Vater und Mutter, auch mich selber. Allen bin ich viel schuldig geblieben, Eltern und Freunden. Wäre da jemand, der mir zu wenig gegeben hätte? Ich sehe keinen.

Denken und danken, immer ruft eines das andere.

Ich saß auf der Fußbank unterm Tisch. Neben mir bewegte sich der linke Fuß meiner Mutter. Die Spitze hob und senkte sich. Die Hände der Mutter waren ausgespannt über die Zither und spielten das Lied vom Zillertal. „Zillertal, du bist mein Freud!" sang es über mir. Die Saiten schwirrten und bebten. Mir lief ein Schauer über die Haut.

In unsrer kleinen Stadt gab es nur einen Menschen, der Zither spielen konnte. Es gab nur eine Zither. Meine Mutter hatte sie aus der erzgebirgischen Heimat mitgenommen, als sie ihrem Mann in die Fremde, ins ferne Schlesien folgte. Nahm sie den braunen Kasten vom Schrank, dann wußten wir, sie hatte Heimweh. Schnell setzte ich mich unter den Tisch. Dort war ich aus der Welt und hatte bloß noch Ohren.

Zur erzgebirgischen Mitgift und gleichfalls mit den Ohren aufzunehmen, gehörte die gemütliche Sprache. Wie im Chinesischen das Mandarin, hatte sie sechs ‚Töne'. Die kann man nicht aus Büchern lernen, man muß sie dem Sprechenden ablauschen.

In dieser halb gesungenen Sprache hörte ich die Mutter um Mitternacht sagen: „Im Namen des Vaters, des Sohnes und des Heiligen Geistes!" Wir standen auf dem Kartoffelacker unseres Gartens, über uns der abnehmende Mond. Die Mutter hatte eine Kartoffel aus der Erde gewühlt und zerschnitten. In die eine Hälfte hatte sie das Zeichen des Kreuzes geritzt und bestrich jetzt, unter raunender Anrufung der Trinität, die Warze auf meinem Handrücken. Die hatte sich am Morgen gespalten und blutete. Am nächsten Tag vertrocknete sie.

Auch meine entzündeten Augen wurden eines Nachts mit dem halben Erdapfel bestrichen, und ich spürte, wie sich mir dabei die Haare aufrichteten.

Der Vater, ein guter Katholik, hätte das ‚Besprechen' vielleicht eine Hexerei genannt. Er wußte aber nichts von unsern Kuren. Die Mutter hatte die Besprechungskunst vom evangelischen Großvater übernommen. Indem sie den Dreieinigen anrief und gleichzeitig die Heilkraft der Erde in Anspruch nahm, hatte ihr christliches Gewissen nichts einzuwenden. Auch glaubten wir beide fest an die Erhörung.

Wir hielten uns nicht bloß bei abnehmendem Mond im Garten auf. Während der Vater mit dem Spaten arbeitete, das Bohnengestänge aufrichtete und alles bewässerte, pflanzte die Mutter Kohlrabi, Salat und Erdbeeren. Dies alles mußte reingehalten werden, die Erdbeeren brauchten besondere Pflege. Um zu jäten, ging die Mutter auf die Knie und war dann nicht größer als ich selber. Sie erzählte dabei vom schönen Erzgebirge und sang zwischenhinein, ohne daß die Hände ruhten, einen Liedervers. Manchmal sagte sie etwas

Lehrhaftes, nicht in der papiernen Katechismussprache, sondern in Bildern. „Mit der Erde“, sagte sie und zog eine meterlange Quecke unter den Erdbeeren hervor, „ist es wie mit dem Herzen. Beide lassen Kraut und Unkraut wachsen, das Gute und das Schädliche. Wenn du nicht jätest, hat das Gute eines Tages keinen Platz und keine Luft, denn das Unkraut wächst schneller. Immer jäten, immer jäten! Am besten auf den Knien.“

Als ich heute früh im Prediger Salomo las, kam ich wie schon oft an den Schlußvers des dritten Kapitels: „So sah ich denn, daß nichts Besseres ist, als daß ein Mensch fröhlich sei in seiner Arbeit; denn das ist sein Teil.“

Wie oft habe ich darüber weggelesen: fröhlich sein in seiner Arbeit. Dabei ist es, in vier Wörtern, die große Formel der Genügsamkeit.

Danach die unerbittlichen Fünf: „Denn das ist sein Teil.“

Die Mutter hat den Vers vielleicht nicht gekannt. Sie las mehr im Gesangbuch als in der Bibel. Der Prediger Salomo, wäre er beim Jäten, beim Kartoffelschälen, beim

Strümpfestopfen neben ihr gestanden, der bitterernste Mann hätte gewiß gelächelt.

Im Prediger Salomo las ich, weil ich wieder einmal hinter dem kleinen, flinken Wort her war, das wie die Kugel beim Roulette immerfort unterwegs ist. Während aber die weltlichen Schriftgelehrten, von der Antike bis auf unsere Tage, immer wieder dieses schimmernde, kugelrunde Ding, namens Glück, in die Hand nehmen, um und um drehen und ihm Fragen stellen, schenkt ihm die Bibel, sonderlich das Neue Testament, fast keine Beachtung.

Fröhlich in seiner Arbeit –, was suche ich noch! Hier hat es sich versteckt, nicht Fortuna, nicht Bonheur, die ‚Gute Stunde'; nicht die Fügung und nicht das große Los. Sondern: ein lebenslanges Sich-Begnügen-und-Vergnügen mit dem, was ich habe. Nichts haben wollen, was ich nicht habe: Unruhe und Neid machen sich dann davon. „Denn das ist unser Teil."

Unser Teil? Wenn dem so wäre, höre ich sagen, wo bliebe dann der Fortschritt? Kaufen und Verkaufen und selbst die Wissenschaft, leben die nicht vom Mehr, vom Vermehren des Vorhandenen? Genügsamkeit bedeutet Stillstand, und der führt in den Niedergang. So ist es wohl. Meine Mutter hat das nicht gewußt, hat nicht geahnt, daß sie mit ihrer Genügsamkeit womöglich den Fortschritt aufhielt. Was aber den Prediger Salomo betrifft: Er spricht von Arbeit und unendlicher Mühsal – und freilich auch von der Vergeblichkeit aller Mühsal.

War der Tag vorbei, der Abendbrottisch abgeräumt, holte sich jeder sein Buch. In die Stille hinein klopfte manchmal ein Lindenzweig ans Fenster. Die Mutter legte ihr Buch hin und blickte eine Weile ins Leere. Jetzt griff sie zur Schiefertafel und setzte einen Brief an ihre Schwester im Erzgebirge auf. Manches Wort wurde mit dem naßgemachten Finger gelöscht. Ein Brief, in dem durchgestrichen oder dazwischengeschrieben war, konnte niemandem zugemutet werden, auch nicht der eignen Schwester. Schreiben war doch bedeutend mehr als Reden, streng und unwiderruflich war die Schreibe. Darum auch wurde jeder empfangene Brief und alles Schriftliche an sicherem Ort verwahrt.

Was heute Bildung heißt, davon hatte

meine Mutter nicht viel erwerben können. Ihr Wissen war aber zuverlässig gespeichert wie das der Chinesen von ehedem, wie das Koranwissen der analphabetischen Muslims und der Schüler Buddhas. Auch das ist ja Bildung. Ähnlich den großen Klavierspielern, die ein ganzes Konzertprogramm ohne Noten herunterspielen, konnte sie die Geschichten und Gedichte aus ihren Schullesebüchern seitenweise aus dem Kopf hersagen. Als ich gegen Ende der Kindheit eines dieser Bücher in die Hände bekam, war ich betroffen, wie wortwörtlich die Mutter auch Prosa zitiert hatte, den Johann Peter Hebel und die Äsopschen Fabeln, zwanzig Jahre und mehr nach ihrer Schulzeit.

Freilich, wie leblos das gedruckte Wort gegen den wogenden Vortrag der Mutter! Balladen konnte sie im Sitzen nicht sprechen. Sie stand auf und ‚deklamierte' wie in einen großen Saal hinein. Noch ehe ich Lesen und Schreiben lernte, sprach ich ihr den Schiller und Lessing nach. Mancher Vers aus der Urgroßvaterzeit, den keiner mehr kennt, ist mir im Gedächtnis geblieben. Das danke ich der Mutter.

Singen und Tanzen, Theater, Zither und ‚Fröhlich sein in ihrer Arbeit', das war der Mutter Teil in ihrer Jugend gewesen. Jetzt gab es einen nüchternen Alltag, ein tägliches Soll mit wenig Musik und ganz ohne Tanz, denn unser Vater hatte es nur bis zum Hochwalzer gebracht, und der war bereits im Aussterben. Das tägliche Soll, wie sah es aus? Erst heute denke ich darüber nach. Ich gehe ihre Pflichten durch und vergesse dabei nicht, was ihr womöglich hinderlich war: das Temperament, die Blutmischung der Sanguiniker. Sie mögen ihr manchen Streich gespielt haben, werden aber auch zur Stelle gewesen sein, wenn die Lebenslast zu drückend wurde: Ein ernster Mann, der weder sang noch trank, noch Karten spielte, dem es nicht gegeben war, sich einmal ‚gehen zu lassen'. Der es auch nicht verstand, sich vor Mitmensch und Obrigkeit ins rechte Licht zu setzen – nach Meinung der Mutter. Zwei Töchter, wohlbeschaffen, aber eben Töchter, und das hieß: zweimal Hochzeit und Aussteuer; zwei Söhne, von denen der eine früh gestorben war, der andere viel von dem vermissen ließ, was die Mutter gern an ihm gesehen hätte; ein großes Haus, ein noch größerer Garten.

Welcher Segen, daß es auch einen Sonntag gab! Schien die Sonne, dann drohte uns am Nachmittag der Pflichtspaziergang, Schuhe blank, Anzug gebürstet, Haare gekämmt. Er drohte nicht der Mutter. Sie sagte: „Geht nur!“ nahm Hauspostille und Gesangbuch und setzte sich in die Laube. Damit freilich entfiel für die Schwestern und mich das beste vom Sonntag, das Einkehren. Nur wenn die Hausmutter dabei war, kam es zu Kaffee und Kuchen.

Die Mütter –. Alle gehen durch die gleichen Ängste und Schmerzen, passen sich an, zuerst dem Ehemann, dann den Kindern, endlich allem andern; gehen schließlich in allen und allem auf, in ihrer Pflicht. Die ist wie ein Paternosterwerk, das Aussteigen macht Schwierigkeiten. Von Jahr zu Jahr stellen sie etwas von dem zurück, was sie an Wünschen und Erwartungen mitbrachten. Und so haben sie alle eine Stunde, in der sie leise zu sich selber sagen: So also ist es. Das soll heißen: nicht so, wie wir's geträumt haben. Sie werden sich dadurch ähnlich. Als hätten sie alle ihr

Gesicht ins gleiche Model gedrückt, in die Mater, die nicht von ungefähr so heißt.

In der Wohnstube, überm Nähtisch, hing eines Morgens das Bild einer schönen, jungen Frau. Es war die Mutter unter Glas und Rahmen, nach einer Fotografie aus den ersten Ehejahren gemalt. In aller Heimlichkeit hatte der Vater dieses Bild zur Feier des fünfundzwanzigsten Hochzeitstages gestiftet. Ich stand davor und wunderte mich. Wo waren die beiden Falten auf der Stirn, wo die Fältchen, die wie ein Fächer in den Augenwinkeln saßen? Dieses zarte, glatte Gesicht mit den Farben der Jugend, das war unsere Mutter nicht. Sie selber sagte wenig dazu, war gewiß gerührt. Ihre braunen Augen wanderten zwischen dem Abbild und uns hin und her.

Nicht zeigte das Bild die Hände. Die waren schon damals rauh, von Salben oder gar Wohlgerüchen nicht verwöhnt. Unsere Hände.

Der Vater

Während der Abendbrottisch gedeckt wurde, ging ich den Vater suchen. Ich fand ihn entweder in seinem Büro oder im Maschinenhaus, im Sommer auch bei den Bienen. Das Büro lag unter der Wohnstube. Wir hätten den Vater durch Klopfzeichen benachrichtigen können. Das mochte er nicht.

Ich stand an der Tür und lauschte. Keine Stimmen, dagegen der Duft der Feierabendzigarre. Ich klopfte, hörte ein kurzes „Ja" und trat ein. Der Vater saß nicht am dienstlichen Schreibtisch, sondern am andern, der im Refugium stand, neben dem Fenster zum Garten. Er war milde gestimmt, wie immer, wenn er zeichnete. „Abendbrot!" sagte ich, und wir gingen hinauf.

War das Büro verschlossen, wagte ich mich in die Maschinenhalle. Die fing dort an, wo unsere Wohnung aufhörte. „Unbefugten ist der Eintritt verboten!" stand an der Verbindungstür. Ich war befugt. Ein schmaler Gang führte neben den Schwungrädern der Lokomobilen hin. Die hohl sausende Luft bewegte mein Haar. Neben mir knatterten die Treibriemen, und darüber stand der sirrende, heiße Ton, den die Dynamomaschinen von sich gaben. Ich wußte, diese Trommeln, die sich so schnell drehten, daß es aussah, als ruhten sie, erzeugten das Licht.

Der Vater stand an der Schaltwand, wo hinter runden Fenstern die Zeiger tanzten. Ich sah, wie er sie beruhigte, indem er bald hier, bald dort einen Schalter berührte. Vorsichtig, um ihn nicht zu erschrecken, zupfte ich ihn am Ärmel: „Abendbrot!"

Saßen wir endlich am Tisch, dann legte er auf einmal Messer und Gabel hin und beobachtete eine Weile das Licht in der Hängelampe. Es hatte geschwankt. Jetzt brannte es wieder ruhig, und er aß weiter.

Das Refugium war eine Nische von drei Metern im Geviert, vom Büro durch einen Vorhang getrennt. Dorthin flüchtete der Vater, wenn ihm der Umgang mit Papier und Zahlen lästig wurde. Herr Tschöp, der Buchhalter, schirmte ihn ab. Es gab auch andere Gründe, sich dort, bei zugezogenem Vorhang, niederzulassen, eheliche Gewitterstimmung zum Beispiel oder der einfache Wunsch, einen Gedanken ohne Unterbrechung zu Ende zu denken, einen Entschluß zu fassen. Für mich waren die neun Quadratmeter das beste Stück vom Elternhaus. Hatte sich hier nicht die ganze Welt versammelt? Überm Schreibtisch hing eine Karte mit den fünf Erdteilen und den sieben Meeren. Über die blaue See liefen die Wege der Schiffe. An der Rückwand stand ein bis zur Decke reichendes Regal. Fast alles, was einer braucht, der nicht vom ewigen *Muß* und *Einerlei* abgenagt werden will, hielt sich hinter einem schweren grünen Vorhang bereit: der Große Meyer, Schlossers Weltgeschichte und Brehms Tierleben, ein Globus, eine Sternkarte, ein Mikroskop, ein paar Fossilien.

Von allem das Schönste: Vaters Skizzenbücher. Kann sein, daß meine Mutter sie nie gesehen hat. Ich selber habe nur zwei- oder dreimal hineinschauen dürfen.

Hier, auf kleinem Raum, weitete sich mir von Jahr zu Jahr die Heimat, ihr enges Tal und darinnen die kleine Stadt, zur Welt. Da war ein Kohlestück, wie mit dem Messer gespalten. Der Heizer hatte es im letzten Augenblick vorm Feuertode bewahrt.

Legte ich die beiden Hälften auseinander, so war das Blatt von einem vorzeitlichen Baum zu sehen, gefiedert und in strenger Symmetrie. Ich wurde nicht müde, diesen Überlebenden zu betrachten und den Vater zu befragen. Meine Liebe zu Fossilien geht auf jenen Einschluß zurück. Den Vater befragen –, oft war die ganze Antwort: „Warte!“ Er zog einen Band vom Lexikon heraus: „Da steht's drin.“

Achthundert Seiten! Warum half er mir nicht? Er half erst, wenn ich Hilfe brauchte. So war es auch mit ihm gewesen. Erst nach Jahren kam ich drauf, daß er sich fast alles, was er wußte und konnte, selber beigebracht hatte. Nur wenn ihn die Schwestern bedrängten, gab er etwas von seiner Kindheit preis. Als seine Mutter gestorben war, viel zu früh, verteilte sein Vater die drei jüngsten Söhne an Verwandte. Den Ältesten behielt er als Lehrling in der Schlosserei, die Tochter, das kleine Mädchen, mußte den Haushalt führen.

Unser Vater war damals auf dem besten Wege, Bauer zu werden, wenn nicht Bauer, so doch Knecht, der den harten Oheim nichts kostete. Wenn wir hörten, wie er nach dem Nachtessen und beim Licht des Kienspans gelernt hatte, Strümpfe zu strikken, um vorm Schlafengehen noch etwas Nützliches zu tun, wie arm er gewesen und wie es uns selber nicht an Licht und Wärme fehlte, dann hätten wir ihn gern umarmt und getröstet, aber von Zärtlichkeiten wollte er nichts wissen. Helene wagte zu sagen: „Gell, Papa, bei uns hast du's besser!" Das nahm er gut auf.

Nach und nach erfuhren wir, daß ihn sein Vater zurückgeholt hatte. Da war er vierzehn und sollte Schlosser werden wie die Brüder. Noch vor Ende der Lehre riß er aus, denn der Alte, mein Großvater, war gewalttätig geworden und ging mit dem Werkzeug auf die Lehrlinge los. Hier endeten die Nachrichten über Vaters Vergangenheit.

Die Mutter setzte sie fort. Eines Tages, so erzählte sie oft, wurden in ihrem Elternhaus im Erzgebirge zwei englische Strickmaschinen aufgestellt. Ein ‚schöner, junger Mann' überwachte alles und setzte die Maschinen in Gang, unser Vater.

Was lag zwischen Kienspan und Strickmaschinen? Wanderschaft, Abendschulen, drei Jahre bei der Artillerie. Und was zwischen den Strickmaschinen und der Schaltwand des Städtischen Elektrizitätswerkes, dem Rechenschieber, den dicken Büchern über Maschinenbau und künstliches Licht? Oft, wenn ich „Abendbrot!“ meldete, saß der Vater vor einem solchen Buch, daneben Millimeterpapier und chinesische Tusche. War er darum so ernst, lachte kaum einmal? Ich vermutete es.

Warum hatte er dann in sein Skizzenbuch unsere Katze gezeichnet, wie sie vor dem Mauseloch lauerte? Auch mich selber, übers Schreibheft gebeugt. Mit weichem Blei die schneebeladenen Lindenzweige. Einen Parasolpilz. Eine Hand. Solche Künste und auch die auf Millimeterpapier, Zahnräder und knifflige Schaltungen, die trieb er heimlich. Konnte er wirklich nicht lachen?

Seitdem er mich zum Onkel Eduard mitgenommen hatte, der im Nachbartal eine Schmiede betrieb und jedes Jahr aufs üppigste die Kirmes für alle Geschwister ausrichtete, brauchte ich nicht mehr zu zweifeln. Auch unser schweigsamer Vater konnte erzählen, konnte sich freuen, und während er erzählte, lief wie an einer Zündschnur der Funke hin, bis es die vier Brüder samt der Schwester hochriß. Dann nahm das Lachen kein Ende, und die Tassen klirrten. Sie aßen schweren Streuselkuchen und tranken zu jeder Tasse Kaffee einen Wünschelburger Korn. Die Mutter hätte sich über ihren ‚schönen, jungen Mann' gewundert, aber sie war nicht dabei. Vielleicht wagte sie sich mit ihrem lutherischen Glaubensbekenntnis nicht in die katholische Übermacht. Zur Kirchweih gehörte doch der Besuch des Hochamts in der Pfarrkirche. Mir, der ich katholisch getauft, danach ein Glied der andern Kirche geworden war, machte das keine Schwierigkeiten.

Die Eltern, ich habe es schon gesagt, unterschieden sich nicht bloß im Kirchenglauben. Als ich die ersten vier Schuljahre hinter mir hatte, stand unterm Weihnachtsbaum nicht die Eisenbahn, die die Mutter mir zugedacht hatte. Es lag dort ein großer Atlas. Den hatte der Vater angeschafft. Wie es Väter geben soll, die sich selber eine Eisenbahn schenken und den Sohn zuschauen lassen, wenn sie damit spielen, so könnte der meine beim Atlas wohl auch an sich selber gedacht haben. Als uns die Mutter beim schwelgerischen Beschauen der Karte von Südamerika traf – „Pernambuco, da ist der Onkel Eduard den Holländern entwischt, die ihn für Java geschanghait hatten“–, als sie das sah und hörte, sagte sie vorwurfsvoll: „Siehst du!“ Gemeint war der Vater, aber wir wußten beide, was das heißen sollte: „Mit deiner Weltkarte und jetzt mit dem Atlas und mit Pernambuco hast du das Kind auf dem Gewissen. Aus dem wird ein Zigeuner . . .“

Sie selber hatte die Heimat hingegeben und war dem schönen, jungen Mann gefolgt. Von mir wünschte sie und sagte es oft, ich solle ja im Lande bleiben und mich daselbst redlich nähren.

An jenem Weihnachtsabend kann es in der ganzen Christenheit keinen glücklicheren Jungen gegeben haben als mich; aber ein Jahr danach war die Mutter an der Reihe, sich zu freuen. Kurz vor der Bescherung hatte der Vater sie gebeten, ihn im Weihnachtszimmer allein zu lassen. So stand sie mit uns, als sei sie das vierte Kind, in der Wohnstube und lauschte auf die undeutbaren Geräusche hinter der Tür zum Christkind. Es klingelte, und wir traten ein, empfangen von einem mächtigen „O du fröhliche, o du selige, gnadenbringende Weihnachtszeit!" Nicht der Vater sang, er war ja unmusikalisch. Der Chorgesang entströmte einem füllhornförmigen, geblümten Trichter. Ein Grammophon! Eine Sühneleistung für Nichtsingen und Nichttanzen. Der Mutter ging es so nahe, daß sie ihren Mann umarmte und küßte. Das hatten wir noch nie gesehen. Wir sahen aber noch mehr. Unter den Schallplatten war außer der gnadenbringenden Weihnachtszeit und dem Lied des Waldmägdeleins Vilja auch der Kaiserwalzer. Als die Bescherung vorüber war, rollte der Vater den Teppich auf, und die Mutter tanzte erst mit den Töchtern den richtigen, dann mit dem einst jungen und schönen Mann den Zweischritt-Walzer. In halber Betäubung, benommen von Düften und rauschender Musik, sah ich die beiden Autoritäten bei dieser unbegreiflichen Beschäftigung.

Mutters Füße waren unterm Rock versteckt, ich sah nur Absätze, aber der Vater warf das jeweils freie Bein energisch nach hinten. Vergessen der Atlas, vergessen alle Kümmernisse. Mutters Weihnachten! 1912!

Die Stimme des Grammophons von 1912 war heiser, das Waldmägdelein immer erkältet. Hinter dem Lohengrin'schen Brautmarsch brausten Wasserfälle. Vergaßen wir die Kurbel, rutschte alle Musik jammernd nach unten. Stereo und Hifi waren noch unterwegs.

Ich zählte jetzt ein rundes Dutzend Jahre, wurde kritisch und muckte manchmal auf. Gleich fuhr die Mutter zu, nannte mich „Windbeutel" und schickte eine Maulschelle hinterher. Der Vater schwieg. Seine Strenge war das Schweigen. Was bedeutete es? Er hielt es auch in schwereren Fällen durch, und ich wurde unsicher. Liebte er mich überhaupt? Bei der Mutter, trotz der Kopfnüsse und oft sehr harter Reden, zweifelte ich nicht. Aber er, selber ohne Liebe und Zärtlichkeit aufgewachsen, ein schlesischer David Copperfield, war es ihm wirklich nicht gegeben, mich übers Knie zu legen und nach Verdienst zu züchtigen? Er muß gewußt haben, daß sein strafendes

Schweigen schmerzhafter war als der Stock. Hat er auch gewußt, wie sehr mir das andere fehlte? Ich sah, wie die Freunde auf ihre Väter losrannten und sich mit ihnen balgten.

Wie durften sie das wagen!

Und doch müssen wir Freunde gewesen sein. Ich wußte es nur nicht, behindert durch die Flegeljahre. Wie lange mögen die gedauert haben?

Vielleicht hatte ich mich schon zum zweitenmal gehäutet, als ich mit achtzehn Jahren und ohne äußeren Anlaß jenen verworrenen Brief schrieb, halb Beichte, halb Liebeserklärung. Der arme Vater! Wie mag er ihn aufgenommen haben? Alles Ungesagte und Aufgestaute schwarz auf weiß lesen zu müssen! Worte der Liebe, die zwischen uns nie laut geworden waren; Eingeständnisse, die Auge in Auge mit dem andern nicht über die Zunge gefunden hätten.

Als dieser Brief geschrieben war, fing ein von Furcht verschärftes Warten an; aber es kam keine Antwort. Mit Herzklopfen trat ich dem Vater in den nächsten Ferien entgegen. Er ließ sich auf seinen Vollbart küssen und legte dabei die Hand auf meinen Rücken. Mehr nicht.

Was gäbe ich darum, jene Epistel noch einmal zu lesen, jetzt, da sich aus jenen Tagen so vieles meldet, gerufen und ungerufen.

Auch anderes, nicht von damals, stellt sich auf einmal ein, als gehörte es dazu. Es gehört dazu. Ich war Schöffe am Jugendgericht, und vor mir standen alle paar Monate die noch unmündigen Gesetzesübertreter. Die Neulinge sagten rasch aus. Die Wiederholungstäter waren verstockt und verschlagen. Was sie nicht hergeben wollten, holte der Richter im Kreuzverhör heraus. Aus den Gerichtsakten ersah ich, daß viele Übertretungen, vor allem Diebstähle, Einbruch und Betrug, ihr Vorbild im Elternhaus hatten. Die Kinder, wenn sie stahlen, logen und tranken, ahmten Vater und Mutter nach. Wer wüßte es nicht!

Es ist aber zweierlei: ob ich davon gehört habe oder ob ich es leibhaftig vor mir sehe.

Auf dem Heimweg von meiner ersten Verhandlung erschienen mir die Gesichter der eignen Eltern. Hatte ich solche Eltern verdient? Will sagen: verstand es sich von selber, daß zu Hause von Redlichkeit nicht viel geredet wurde, weil sie gelebt, weil sie mir vorgelebt wurde? Zwei der jungen Langfinger hatten wir bloß in den Wochenend-Arrest geschickt, einen andern für drei Monate ins Jugendgefängnis. Ich hatte mit dafür gestimmt. Wie kam ich dazu?

Vater und Mutter, wie sie vor mein inneres Gesicht traten, sahen nachdenklich aus, als wollten sie etwas von mir wissen. Wollten sie wissen, wer ich eigentlich war? Dann war es die gleiche Frage, die mich während dieser Niederschrift beunruhigt: Vater und Mutter, wer wart ihr?

Ein Mensch, nicht wie du und ich

Die Mutter kam vom Markt. Unweit der Johannesbrücke saß ein Maler vor der Staffelei und visierte den heiligen Nepomuk an, der ihm aber den Rücken zukehrte. Die Mutter grüßte und warf einen Blick auf das angefangene Bild. Es ging ihr durch und durch, so berichtete sie daheim, als der Maler den Mund auftat und ihren Gruß erwiderte: auf sächsisch! Der erste sächsische Mensch, seit sie vor zwei Jahrzehnten die Heimat verlassen hatte. Er sah aus, sagte sie, wie der Bußprediger Johannes, freilich nicht mit Kamelhaar bekleidet, und stammte aus Altenburg in Thüringen, wo auch das Skatspiel zu Hause ist. Die beiden schwelgten im heimatlichen Sprechgesang. Die Oberlungwitzerin schenkte dem Altenburger zwei Tomaten und lud ihn zum Abendbrot ein.

Er kam pünktlich und ist jahrelang unser Abendgast gewesen. Die Mutter hatte ihn richtig beschrieben: schmales, vom Barte fast verdecktes Gesicht; braune, leuchtende Augen, eine hohe Stirn. Er steckte in einer karierten Jacke, die Hosen schlotterten. Als er mir die Hand gab, wunderte ich mich. Sie war fast so schmal wie meine. Einen solchen Mann, das sahen wir alle, gab es nicht zum zweitenmal, nicht in unserm Waldwinkel. Was mochte ihn hergeweht haben? Als die Mutter Miene machte, den Tisch abzuräumen, gingen seine Augen von einem zum andern, dann neigte er sich über seine Hände und sprach ein Dankgebet.

Es wurde ein langer Abend, und die Mutter vergaß, mich ins Bett zu schicken. Staude saß neben mir auf dem Sofa, auf Vaters Platz. Ein Duft wie von nassen Kleidern ging von ihm aus. Er redete, und wir hörten zu. Er mußte sehr hungrig gewesen sein, das hatten wir ihm beim Abendbrot angemerkt. Er mußte aber auch lange geschwiegen haben, denn was er sagte, das strömte wie aus einem gefüllten Stausee. Bevor er ging, forderte er uns auf, niederzuknien. Mir war angst um Vater, der gegen ‚äußerliche Gebärden' einen Widerwillen hatte. Als er aber den langen, hageren Thüringer neben dem Sofa, als er auch Weib und Kinder knien sah, ließ er sich neben seinem Stuhl nieder. Unser Gast dankte Gott für den Tag und für das Haus, das ihn so freundlich aufgenommen hatte. Wir vernahmen, wie er uns dem himmlischen Vater befahl. Das war unerhört. Wir alle, die Mutter bestätigte es nachher, waren beschämt, und nachdem wir aufgestanden waren, wagte keiner das erste Wort. Nur der Beter war unbefangen und sprach wieder mit seiner natürlichen Altenburger Stimme.

Er wohnte beim Tischler Hornig in einer vorläufig noch leeren Stube. Der gutmütige Hornig hatte ihm zwei Haken in die Wände geschlagen, an denen jetzt eine Hängematte hing. In ihr schlief der Maler wie einst der Spitzwegsche Poet. Sein Bruder Guido, „Jido" gesprochen, von Beruf Schiffskoch, hatte dem Unseßhaften diese tropische Schlafstätte aus Rio mitgebracht.

Wir fanden nicht gleich ins Bett, nachdem der Gast „Gute Nacht" gesagt hatte. In unsere Bürgerstube war der Nichtbürger eingetreten. Der Vater schien aufgeschreckt, die Mutter beschwingt. Ein Mensch ohne Bett! Morgen mußte nach ihm gesehen werden.

Ich durfte den Vater begleiten. Was wir sahen und hörten, übertraf den vorangegangenen Abend bei weitem. Staude wohnte in Hornigs unheizbarer Dachkammer. Auf unser Klopfen hatte er die Hängematte verlassen und eine dunkle Pelerine übergeworfen, damals Havelock genannt. Hornig hatte ihm inzwischen einen ausgedienten Küchentisch und eine leere Kiste in die Kammer gestellt. Diogenes war mit weniger ausgekommen. An den vier Wänden lehnten fertige und angefangene Ölbilder, unter der brasilianischen Hängematte waren Bücher und Schriften gestapelt.

Der Vater legte ein Päckchen mit Brot und Butter auf den Tisch: „Zum Einstand!“ Er fragte, ob Herr Staude das Bett haben wolle, das bei uns nutzlos herumstehe. Es koste nichts. Der Maler dankte. Hatte er überhaupt zugehört? Hatte er den ‚Einstand‘ bemerkt? In übergroßen Schuhen schritt er vor uns auf und ab und deklamierte. Wir begriffen nichts. „Job's Klage.“ „Job?“ –„Jawohl, Hiob“. Dies sein wahrer Name: Job. Staude war dem Geprüften auf der Spur. Der Leidensmann, sagte er, sei mit hoher Wahrscheinlichkeit der Stammvater der Germanen. Was wir soeben an Versen gehört hatten, war die Beschreibung seiner Leiden und Klagen, Teil einer im Werden begriffenen Ode. Diese Nacht seien ihm die ersten Zeilen eingegeben worden, sagte Staude, kaum habe er eine Stunde geschlafen.

So hatten wir gehört, was nur wenigen vergönnt ist: Dichtung im ersten Zustand, noch heiß, noch nicht geronnen in lesbare Schrift.

„Er braucht eine Lampe", sagte der Vater auf dem Heimweg. Und: „So arm ist der nicht." Das ist mir bis heute im Gedächtnis geblieben. Ich sagte: „Es ist kein Ofen da." „So ein Mensch –, diese Art Menschen, wer weiß, wo der ist, wenn der Winter kommt!"

Hier irrte der Vater. Der Dichter ging in unserm Tal vor Anker, für immer. Auch der Fahrensmann Jido, der weltreisende Koch, war nahe daran, hier seinen Seesack auszupacken und mit einer standfesten Kommode zu vertauschen.

Als ich an einem der nächsten Tage den Vater zum Abendbrot rufen sollte, war er weder im Büro noch an der Schaltwand. Seit dem Nachmittag hatte ihn niemand gesehen. Da ging im Flur die Badezimmertür auf. Staude und Vater traten heraus, in den Händen Flaschen und andere Behälter. Als mich der Vater sah, legte er den Finger auf den Mund. Tags darauf weihte er mich ins Geheimnis ein. Der Maler brachte ihm das Fotografieren bei. Mit einem geliehenen Apparat hatte er sich unter Anleitung des Altenburgers vorerst an toten Gegenständen versucht. Im stockdunklen Badezimmer waren sie auf der Glasplatte wieder erschienen, gespenstisch, weil Schwarz und Weiß vertauscht. Jetzt sollte ich der erste Mensch sein, der vom Vater ‚abgenommen' wurde. „Setz' dich dahin und rühr' dich nicht." Erst ließ Staude sein Apostelhaupt unter dem schwarzen Tuch verschwinden, schraubte, sprach leise mit sich selber, verstellte unaufhörlich die Stativbeine. Als er unterm Tuch hervorkam, riß er mit seinen langen Schuhen den Apparat um, und alles mußte wiederholt werden. Ich fühlte einen Krampf im Hals nahen. Die Platte hielt ihn in den fünf Belichtungssekunden fest. Staude hatte bereits eine Vignette im Jugendstil angefertigt. In dieser saß ich, auf bräunlichem Papier und wie erstarrt. „Hast du Angst gehabt?" wollten die Fotografen wissen.

In jenem Sommer gewöhnten wir uns ein zweites Sehen an. Mit dem einfachen Wahrnehmen war es nicht getan. Der Vater stand am offnen Fenster und blickte angestrengt auf das andere Bieleufer hinüber. Er hielt beide Hände an die Schläfen und sagte: „Ein herrlicher Ausschnitt!" Staude belehrte ihn: „Nichts Entferntes! Fotografieren Sie die Familie auf höchstens drei

Meter, die Katze auf zwei." So entstand in wenigen Wochen eine vielseitige Dokumentation unserer Gesichter und Figuren. Die Schwestern kamen zu neuen Kleidern. Das Lächeln, je nach Sonnenstand drei bis fünf Sekunden durchgehalten, entkrampfte sich. Die Eltern dankten für den Bilderschatz mit verstärkter Gastfreundschaft. Bald war ein Abendessen, ein Sonntagsbraten ohne Staude nur die halbe Freude.

Als die Tage kürzer, die Abende unter der Lampe länger wurden, nahm der Altenburger auch mich in die Lehre. Er war nach seinem ersten Sommer unterm Schneegebirge kein Fremder mehr, vor allem nicht auf dem Lande. Mit seiner Staffelei wanderte er in die Dörfer hinaus, malte den Bauern ihre kleinen, schindelgedeckten Höfe ab und kehrte abends mit einem Rucksack voll Birnen und Pflaumen heim; manchmal waren ein Brot und ein Stück Speck dabei. In den Pilzmonaten zeigte er dem Vater oft die Ausbeute eines Morgenganges vor, als Lehrmaterial sozusagen, denn bei uns wurden bloß Steinpilze, Rotkappen und Pfifferlinge für eßbar gehalten. Vor dem, was Staude aus dem Säckchen schüttelte, entsetzten wir uns. Während er die Namen nannte, Wohlgeschmack und Bekömmlichkeit dieser mißfarbenen Schwämme beschrieb, rechneten wir mit seinem Ableben noch in der folgenden Nacht.

Als das Tal sich eingewintert hatte, legte er eines Abends eine alte Handschrift auf den Tisch, nur ein Blatt, nur die prophetischen Verse im 19. Kapitel des Buches Hiob: „Aber ich weiß, daß mein Erlöser lebet; und er wird mich darnach aus der Erde auferwecken; und werde darnach mit dieser meiner Haut umgeben werden, und werde in meinem Fleisch Gott sehen. Denselben werde ich sehen, und meine Augen werden ihn schauen, und kein Fremder."

Etwas so Köstliches wie den Anfangsbuchstaben A, das große A, hatten wir noch nicht gesehen. Umflochten von Gezweige und bunten Blüten, stand es in einem Viereck aus Blau und Gold, stand auf gealtertem, fleckigem Pergament. Niemand sprach ein Wort. Ich dachte: So malen, so schreiben, wer das könnte! Ich sah, wie unser Freund unterm Bart lächelte. „Gefällt es Ihnen? Ich habe es für Sie geschrieben." Wir schwiegen ungläubig. Diese Handschrift war Klosterkunst, längst ausgestorben. „Das kann jeder lernen. Ich bringe dir's bei."

Es war zu mir gesagt. Unser Vater, der selber zeichnete und eine schöne Hand schrieb, schüttelte einmal übers andere den Kopf. Ich sah mich schon –, doch genug. Dieses Blatt ließ die Karte von Südamerika und alle Karten im neuen Atlas hinter sich. Es war die Schönheit in Gestalt der Schrift. Wie ein chinesischer Kalligraph sprach Staude nun über den Geist des Schreibens. So gewichtig jede Einzelheit, sagte er, gegenüber dem Gesamtbild habe sie zurückzutreten. Die Initialen wiederum hätten sich dem Inhalt unterzuordnen.

Er hielt Wort. Ich verdanke ihm den schönsten Winter meiner Kindheit. Er brachte Vorlagen und Texte, schrieb alle Buchstaben vor. Das Haus hatte Ruhe vor mir. Was ich an den Nachmittagen hervorbrachte, legte Staude nach dem Abendessen aus, Sätze aus der Apokalypse, aus Hiob, aus der Bergpredigt. Nahm er die Offenbarung vor, dann wuchs er nicht selten über sich und über unsere Stube, ja über den ganzen Erdkreis hinaus. Hier saßen wir warm und eingefriedet, aber die Zeichen des göttlichen Zorns, der Halleysche Komet zum Beispiel, standen bereits am Himmel. Einmal riß ihn der Fluß seiner Rede hinein in die Apokryphen, und er zitierte aus der „schauervollen Beschreibung der ägyptischen Finsternis". Sie steht in der ‚Weisheit Salomonis' und ist in den heutigen Bibeln nicht mehr zu finden. Von jener Finsternis ging unser Freund, dem Bußprediger am Jordan immer ähnlicher werdend, zur Finsternis unserer Tage über. Davon hatten wir noch nichts wahrgenommen. Ging nicht jeden Morgen die Sonne auf? Der Altenburger war Protestant, nahm auch manchmal am Gottesdienst in unserer Kirche teil. Er hatte aber auch Freunde unter den baptistischen Bauern, die in der Nachbarschaft unserer Stadt lebten. Dort hielt er Andachten und Bibelstunden. Was war er nicht, was konnte er nicht!

Sogar schweigen konnte er. Als er eines Abends den Schiffskoch mitbrachte, der einmal einen Winter lang festen Boden unter den Füßen haben wollte, sagte er nur:

„Mein Bruder Jido!" Alles andere übernahm der Fahrensmann.

Abermals ein Höhepunkt! Wo in unsrer kleinen Stadt gab es eine Stube, in der New York, Batavia und Tokyo sich die Hand reichten? Der Vater holte eine Flasche Madeira aus dem Keller. Während er die Hochbahn in New York und die japanischen Kirschblütenfeste beschrieb, rauchte Jido aus kurzer Pfeife einen Tobak, in dem sich der Duft von Vaters Zigarre wie ein Nichts verlor. Und einmal griff der Erzähler rasch in die Brusttasche. „Ehe ich's vergesse!" Er drückte mir ein Paket leerer Briefumschläge mit bunten Marken in die Hand, erzählte weiter von der Hochbahn, von Opiumhöhlen. Ich hörte nicht mehr zu; der unerhörte Schatz brannte mir in den Fingern.

Als die Brüder gegangen waren, blieben wir noch lange auf. Wer könnte auch nach großem Theater, nach mächtiger Musik stracks ins Bett kriechen! In den Umschlägen waren einmal Briefe gewesen, Damenbriefe. Die Schwestern entzifferten nur die Vornamen: Daisy, Dolores, Honey. So, so. In Bangkok also gab es Mädchen, die hießen nicht Mariechen oder Lene wie die Schwestern, sondern Honig. Auf der Briefmarke aus Thailand war ein weißer Elefant abgebildet. Der Schlaf ließ lange auf sich warten.

Wie mochten die beiden in Hornigs Kammer hausen? Ich ging hin und sah es. Bis auf die Hängematte war von Spitzwegs Poetenhöhle nichts mehr da. Auf dem Kanonenofen stand eine Art Wäschetopf, in dem Jido etwas streng Riechendes kochte: Labskaus. Auf einem Levantedampfer habe ich dieses Seemannsgericht wiedergetroffen. Mit seinem Duft kamen die Altenburger auf mich zu.

„Mit Huchos Sächelchen kann ich nischt kochen. Alle zu kleene." So der Weitgereiste. Waren sie auch verschieden, Hugo und Guido, auf einmal verschmolzen sie, sprachen thüringisch und lächelten auf die gleiche Weise. Überhaupt ging mir damals auf, daß der Dichter der Hiobs-Ode im Grunde ein heiterer Mensch war; grüblerisch, immer wie auf der Suche, aber gleichmäßig heiter. Bei antikischer Genügsamkeit mußte er einen unerschöpflichen Vorrat an Seelenkräften besitzen. Sie trugen ihn durch sein unruhiges, ungesichertes Leben, über jeden Mangel, jede Enttäuschung. Niemand hat ihm so viel geben können, wie er selber gab. Was könnte ich mehr von ihm sagen. Und er war mein erster Freund.

Nachdem sich der Halleysche Komet gezeigt hatte, brach der Erste Weltkrieg aus. Hugo Staude, Bohemien unter Nur-Bürgern, Mann des Friedens, mußte Soldat werden, wurde von den Marschierern rasch zu den Fliegern kommandiert und fotografierte aus der Gondel eines Zeppelins das feindliche Gelände rings ums Vaterland. Jido saß derweilen in einem australischen Internierungslager. Nur einmal in den vier dunklen Jahren sahen wir unsern Freund, verfremdet durch Haarschnitt und Uniform. Wie er die braunen und schwefelgelben Täublinge und den Hallimasch überlebt hatte, so kehrte er nach Friedensschluß unversehrt in Hornigs Kammer zurück.

Dort wohnte er nicht mehr lange, denn er wurde geheiratet. Mein Vater mißbilligte es: „Das kann nicht gut gehen! Eine Malerin!"

In den Sommerferien machte ich dem Paar einen Besuch, denn Staude hatte sich lange nicht bei uns blicken lassen. Die Malerin, eine liebe und sanfte Frau, öffnete mir, sagte gleich: „Ich weiß, wer Sie sind. Er wird sich freuen." Staude saß am Fenster, der Bart eisgrau und tadellos geschnitten, in den Augen das alte Feuer. Er ließ meine Hand lange nicht los. In diesem Augenblick fiel mir ein, wie wir einen Winterabend allein unter der Lampe verbracht hatten. Die andern waren ins Kino gegangen, um „Die letzten Tage von Pompeji" zu erleben. Ich lernte lateinische Vokabeln, Staude saß zwischen ein paar Lexikonbänden. Als er mich mein Pensum abfragte, stockte er: „Ich sage es vorläufig nur dir. Seit gestern habe ich den Schlüssel." Es handelte sich um nichts Geringeres als um den Schlüssel zur Ursprache, der Sprache Adams und Noahs, von der unserm Freund die ersten zehn oder zwanzig Wörter ‚erschienen' waren, wie immer des Nachts.

Davon nun nichts mehr. Wir betrachteten die Bilder, mit denen die Wände bedeckt waren. Die der Malerin unterschieden sich von Hugos Werken nur dadurch, daß sie von Tier und Mensch belebt waren. Alles übrige, vor allem die Himmel: Wie von einer Hand. Das konnte doch Gutes bedeuten. Ich sagte bald adieu, wußte nicht, daß es für immer war – wir wissen es niemals. Die Malerin begleitete mich zur Treppe. „Er brauchte jemanden. Er wurde mit sich nicht mehr fertig."

Raoul Francé und die Agave

Den ganzen Winter rangen sie miteinander, wie jedes Jahr, aus dem Norden die Bora, vom Süden herauf der Schirokko. Wer die Bora nicht kennt, weiß nicht, daß sie einen Eisenbahnzug von den Gleisen heben kann. Aus dem leeren Himmel stürzt sie sich heulend auf den Karst hinunter, zerfetzt alles Morsche und Sterbende, durchlüftet die Städte am Meer mit eisigem Atem, führt die Hausdächer in die See hinaus. Dort überm warmen Meer, im Salzdampf, bricht sich ihre Kraft.

Jetzt greift der Gegner an, der regentriefende Schirokko. Boote und Barken flüchten in die Buchten. Güsse, als kehre die Sintflut wieder, entlassen die blauschwarzen Wolken. Vom nackten Karst rasen die Wasser zu Tal. Was sich in Spalten und Löchern an fruchtbarer Krume gehalten hatte, schwemmen sie mit.

Das alles erduldete das Land über unserm Haus, wie jedes Jahr. Jetzt, da Stürme und Regen ausgetobt haben, blüht der Karst. Schneeweiße Wolken wachsen jeden Morgen über den Horizonten auf. Unser Tag besteht aus einem wahrhaft himmlischen Licht.

Es ist Zeit, wieder einmal über den Berg zu gehen, über den blühenden Stein. Auch den Fluß möchten wir besuchen, der dunkelgrün aus dem Karst bricht, Quelle und zugleich Fluß.

Unser gelehrter Nachbar, Raoul Francé, hebt sein großes Haupt vom Mikroskop, hebt langsam den schweren Leib vom Stuhl und blickt mich freundlich an. Er ist mit einem geräumigen, bis an die Erde reichenden Burnus bekleidet. Von Zeit zu Zeit wagen wir es, in seine lautlose Welt einzudringen. Er weiß, daß wir ihn verehren, und läßt es sich gefallen. Seine Bücher las ich, als ich noch Schüler war. Was drin stand, so schien mir, war vom Weltgeist selbst diktiert, aber jedermann konnte es verstehen. Daß ich von der Biologie bis heute nicht losgekommen bin, verdanke ich Francé. Von dem, was jetzt oben im Karst blüht, weiß er mehr als alle Dalmatiner zusammengenommen. Er kennt den ältesten Baum der Welt, hat ihn in Mexiko gezeichnet und beschrieben, hat die australischen Wüsten durchstreift. Ein Leben lang ist er den Gesetzen auf der Spur, denen Pflanzen und Tiere gehorchen.

Er sagt zu, uns morgen früh zu begleiten.

Das Arbeitszimmer ist groß und hell. Vom Schreibtisch kann der Gelehrte auf die Kirchtürme von Dubrownik hinunterschauen, aber auch hinüber zu seiner Frau, die an einem zweiten Tisch ihm gegenüber sitzt und Romane schreibt. Sie braucht dazu weder Mikroskop noch Zeichenstift. Ihre Figuren holt sie aus dem Gedächtnis oder dem Nichts, stellt sie auf ihre kleine Weltbühne, läßt sie weinen und lachen.

„Wollen Sie?“, fragt Francé und führt uns ans Mikroskop. Wir spähen hinein. Formloses zuckt hin und her, dazwischen ein gezähneltes Blatt, wie ich meine, auch gezähnte Rädchen, die sich langsam drehen.

„Ein Tropfen aus unserm Brunnen. Wir waschen uns nur damit. Nein, das ist kein Blatt. Nur ein Mückenbein. – Alles ist beseelt."

„Alles? Auch der Stein?" – „Der Stein – auch er lebt. Wir sehen es nicht, aber ich vermute, daß es in seinem Innern Bewegung gibt."

Noch heute, nach vierzig Jahren, höre ich diese Sätze. Was gäbe ich darum, noch einmal in jenes Gespräch eintreten zu können!

Als hinter den Zypressen von St. Jakob die Sonne aufgeht, steigen wir den Berg hinauf bis an den Weg, der in diesem Lande vielleicht der schönste ist. In unmerklicher Steigung – unter seinen Steinplatten fließt das Trinkwasser zur Stadt – läuft er an der steilen Südwestflanke des Karsts hin, umblüht, umduftet von Lavendel und Rosmarin, Salbei, Minze. Johannisbrotbäume, Oliven und wilde Orangen beschatten ihn. Rechter Hand geht es steil hinauf zum Grat, links schweift der Blick frei hinaus bis zu jener reinen Linie, die Himmel und See scheidet. Zwischen ihr und der Küste schwimmen im Morgenblau die schönen Inseln, Kalamoto, Schipan und Lopud und das ferne Mljet.

Diesen Weg gehen wir. Francé ist immer ein paar Schritte voraus. Wandelt er jetzt nicht, der Riese, in die leuchtende Wolke hinein, die sich hinter Trsteno auftürmt? Nein, er bleibt stehen. Er wendet sich der Agave zu, ihrem Blütenschaft, der wie ein Leuchter vor dem Himmel steht. Wie im Selbstgespräch bewegt unser Freund den Kopf. Er schweigt noch. Eine blühende Agave ist ein Schöpfungsgedanke von solcher Herrlichkeit, daß der Mensch nicht leicht den Mund davor auftut.

„Jahr um Jahr wartet die Agave", sagt jetzt Francé, „wartet sieben Jahre und länger, wartet auf ihre Hochzeit. Speicher um Speicher legt sie an, sammelt Vorräte aus dem Stein, aus der winzigen Krume. Sie mästet sich, übersteht Bora und Schirokko und die dörrende Tramontana. Auf einmal steigt aus dem Riesennest der Blätter senkrecht der Blütenschaft auf, sechs Meter und mehr. Nicht in Wochen: aus der gespeicherten Kraft der Pflanze wird es in wenigen Tagen geleistet. Wo sonst, fragt der Alte, gibt es in der bedächtigen Natur ein solches Ungestüm! Verzehrend: denn wie der Stamm sich jetzt rundum mit Blütenständen schmückt, daß er dasteht wie von Künstlerhand geschmiedet, feierlich, mit Kerzen besteckt, so schrumpft die Mutterpflanze zusammen, die Blätterkolben, auslaufend in stahlharte Dolche, altern rasch. Ist der Sommer vorbei, ist den Blüten geschehen, wie bestimmt, geht es ans Sterben. Einen Winter, vielleicht noch den nächsten Sommer, trotzt der Stamm den Stürmen. Endlich neigt er sich. Der Stein bestattet ihn.

„Wissen Sie, warum in diesem Frühsommer alle Agaven, auch die jüngeren, sich zum Blühen entschlossen haben? – Wir wissen es nicht." – „Der letzte Winter war sehr hart. Wir hatten dreimal Frost. Da sind die Agaven erschrocken. In ihrer Urheimat gibt es keinen Frost. Erschrecken wir nicht auch, wenn der Tod zum erstenmal unsere Schulter berührt? Nur berührt. Wir bestellen dann unser Haus. Und die Agave: Ihr Ziel ist die Blüte. Die Vervielfältigung. Das

Überleben. Versäumte sie hierin etwas, hätte sie umsonst gelebt."

Er tritt an den Stamm. Seine Hand umspannt den Schaft. Die Krone zittert, aus den Blütenständen trieft der Honig. Der dürre Karst empfängt ein Opfer.

Die Sonne ist gestiegen. Kamille und Minze duften kräftiger. Über das immer tiefer erblauende Meer laufen Schauer. Der hochgelobte Mistral ist unterwegs. Zu den Schattengärten der „Tante Jele" und danach zur Quelle der Ombla ist es noch weit; aber wir eilen nicht. Immer wieder hält unser Mentor an, nähert sein Gesicht einem winzigen Blumenstern, nennt ihn beim Namen. Im Weitergehen erzählt er, spricht wie ein Vater von dem weißen Stern, seinen Nachbarn, seiner Begabung und Mühsal. Alle, die hier in der Dürre blühen und fruchten, genügsam, aber trotzig, sind zu loben. Mit duftenden Ölen sind sie getränkt, auch mit Heilkraft. Zwischen ihnen wandert die Gottesanbeterin. Wo die Sonne den Stein heizt, lagert sich die Smaragdeidechse, kein Tier, ein grüngoldner Edelstein. Den Kopf zum Lauschen erhoben, blickt sie uns entgegen. Langsam,

langsam neigt sich Francé zu ihr hinunter. Leise schmatzende Laute gehen dabei von seinen Lippen. Er redet den Edelstein an und berührt den schuppigen Kopf.

Sie kennen sich. Alle kennen den, der sie liebt.

Ich schreibe es hin, und mir fällt ein, wie der russische Mönch Sosima den dritten der ‚Brüder Karamasov', Aljoscha, über die Liebe belehrt:

„Liebt die ganze Schöpfung Gottes, das gesamte All, wie auch jedes Sandkörnchen. Jedes Blättchen liebt, jeden Sonnenstrahl Gottes! Liebt die Tiere, liebt die Pflanzen, liebt jegliches Ding. Liebt die Tiere: Gott hat ihnen die Uranfänge des Denkens und die ungetrübte Freude gegeben. Die stört ihnen nicht, quält sie nicht, nehmt ihnen nicht die Freude, widersetzt euch nicht dem Gedanken Gottes."

Jetzt krümmt sich der Weg in den Fjord. Unter uns mischt sich die grüne Ombla mit der blauen See. Sie ist kein Fluß wie andere, die in den Wäldern und zwischen Wiesen ihre Kindheit hatten. Die Wasser da unten, rasch strömend und tief, haben eben erst den Himmel gesehen. Schon tragen sie

Schiffe von der Adria hinein in die Bucht. Kaum entlassen aus der Höhlenfinsternis, treiben sie dem Menschen die Lichtmaschinen. In den unterirdischen Gängen des Karst sammelten sie sich, durchsickerten den mürben Stein, durchwandelten schweigend die Gewölbe. Es gab hohe und weite Säle, wo sie zur Ruhe kamen. In ihren Spiegel tropften von oben neue Wasser, brachten dabei eine harfenartige, einsame Musik hervor.

Im Schatten der Bergflanke wandern wir der Quelle entgegen. Lorbeer und Erdbeerbäume haben sich eingefunden. Die Feigen setzen schon Früchte an. Die Panzerföhren hat die Bora nicht verkrümmt. Sie stehen im Schutz der Nordwand.

Wir müssen jetzt den Wasserleitungsweg verlassen und auf einem Ziegenpfad zum Fluß hinabsteigen. So ein Pfad, von der Macchie überwuchert, will gegangen sein, mehr gesprungen als gegangen, denn das Geröll unterm Schuh wird auf einmal lebendig. Vor uns rudert der Freund. Kommt er ins Rutschen, macht er sich steif wie die erfahrenen Vierbeiner, Ziegen und Esel. Dazwischen findet er Zeit, seine

Freunde zu grüßen. „Die Judenkirsche!" ruft er. „Pistazien!"

Wir rasseln in einen Hohlweg, jagen ein paar Schafe in die Flucht, stehen endlich auf der kalkweißen Landstraße.

Jetzt weiterzuwandern bis zur Quelle, sei nicht wohlgetan, sagt Francé. Tante Jele habe gutes Brot und milden Rotwein. Ihre Wirtschaft liegt am Fluß, an drei Seiten umschlossen vom Karst. Wie im Hohlspiegel sammeln sich hier Licht und Wärme. Wer zum erstenmal in den Garten tritt, glaubt zu träumen. Wie Wasserspiele rauschen hier die Blumen aus der Erde. Die Pergola ist umlodert von feurig glühenden Blüten. Die Steinwände leuchten im Violett der Bougainvillea; zwischen ihnen die zitronengelben Fanfaren der Mimose.

Tisch und Stühle stehen unter Palmen. Da lassen wir uns nieder. Fremd sind wir hier nicht und loben der Tante erst einmal den Tag wie auch ihren Garten. Unser Freund sprach von Brot und kleinem Rotwein. Tante Jele sagt, es seien auch Eier und luftgetrockneter Schinken vorhanden. Für den Vormittag wäre ein Weißer aus Lissa bekömmlicher als Rotwein.

Sie geht in die Küche. Der Hausjunge rollt ein leeres Faß auf die Straße. Über uns tanzen die Glyzinien unter der Last von Hummeln und Bienen.

Vom Lissaer hätte es weniger sein dürfen; aber wer rechtet mit Tante Jele, wenn sie die größere Flasche hinstellt! Wir trinken und reden noch einmal von den Agaven, wie sie ihren Lebenstag krönen, wenn er sich neigt. Unter diesem Gespräch schlummert der Freund ein. Die Hände überm Leib, das Haupt in langsam nickender Bewegung, ruht er, ein guter und weiser Mensch. Uns zuliebe ist er vor Tag aufgestanden. Sollten wir ihn wecken?

Wir gehen allein zur Quelle. An den Spalt in der senkrechten Wand des Karst, aus dem ohne Aufhören, auch im regenlosen Sommer, ein starker, wilder Fluß hervorbricht.

Die Rose

Wo wir heute wohnen, zwischen Berg und See, hören wir die Hausgenossen oft sagen: wie schnell doch jetzt, da wir alt sind, die Zeit vergeht! Damals, wie lang war der Tag. Jetzt huschen die Jahre an uns vorbei, und es ist nichts mehr drin.

Wie schnell sie vergeht. Vergeht sie denn? Bewegt sie sich überhaupt, die Zeit? Und in den Jahren, von denen unsere Alten sprechen, zu denen auch wir gehören, da wäre nichts mehr drin?

Gottfried Keller meint: „Die Zeit geht nicht, sie stehet still, wir ziehen durch sie hin: sie ist eine Karawanserei, wir sind die Pilger drin."

So wären wir es, die vergehn. Nicht die Jahre.

Als wir das Gedicht ‚durchnahmen', verliebte ich mich in das Wort Karawanserei. Ich wußte längst, daß die Karawanen von da aus ihre Reise antreten, daß die Karawanserei ihr Rastort und ihr Ziel ist.

In Sofia, wo ich ein paar Jahre lebte, sagte mir einer, in Philippopel, dieser einst mazedonischen, dann römischen, danach bulgarischen und türkischen und wiederum bulgarischen Stadt, gäbe es noch eine Karawanserei, den Churschum Han. Gleich fuhr ich mit dem Skizzenbuch hin. Einen

Fotoapparat besaß ich noch nicht. Ich setzte mich zwischen die alten Mauern, zwischen Disteln und Geröll, und fing an zu zeichnen. In den Mauern steckten noch die Ringe, an denen zur Nacht die Kamele angebunden wurden. Ich kroch in die Schlafstätten der Kameltreiber, in die Gewölbe, wo das beförderte Gut gestapelt wurde. Ich hob die Nase. Roch es nicht nach Gewürzen und Kamelen? Ach, wen das Fernweh plagt, der ist nicht besser dran als der Heimwehkranke.

Meine gute, reisetüchtige Ehewirtin und ich, wir haben es auf dreiundzwanzig Karawansereien gebracht. Aus der dreiundzwanzigsten, hier zwischen Berg und See, wollen wir nicht mehr zu großer Fahrt aufbrechen. Es sei denn zur letzten.

Erzähle noch etwas, sagt ihr. Gut, ich werde von der Rose erzählen, die mich eine Nacht lang begleitet hat, von Frankfurt bis an die Sklavenküste. Dort liegt die Stadt Lagos, und die Küste hat den alten schlimmen Namen längst abgelegt. Wir flogen kurz vorm Dunkelwerden ab, und als zwei Stunden später die Stewardeß das Abendbrot brachte, sagte sie: „Tunesien!“ Tief unter uns lag die afrikanische Küste, und für wenige Minuten sah ich es leuchten und funkeln, als brenne das Land. Es war die Stadt Tunis. Nun würde es in dieser mondlosen Nacht erst über Lagos wieder hell werden.

Die Stewardeß räumte ab und stellte ein Glas mit einer dunkelroten Rose auf den Tisch. Sie schaltete das Deckenlicht aus und auf meinen Wunsch auch die Musik. Ich war mit der Rose allein. Wer hatte sie gepflanzt; wo war sie aufgeblüht? Eine ‚Duftwolke'.

Mit Überschallgeschwindigkeit rasten wir südwärts. „Die Zeit geht nicht." In einem Afrikabuch hatte ich gelesen: ein Kameltag, nämlich ein Karawanentag, das sind dreißig Kilometer. Wir brachten also, zehntausend Meter über der Wüste, in jeder Stunde dreiunddreißig Kameltage hinter uns.

Gegen Mitternacht rüttelte die Maschine, und ich nahm das Glas mit der Duftwolke vom Tisch. Unter uns das Ahaggar-Gebirge. Hinter uns zwei Drittel der Sahara, von Norden nach Süden gemessen. Auf diesem Wege starben viele. Starben an Durst, an Erschöpfung. Wurden umgebracht.

Die Turbulenzen hatten nachgelassen. Die Rose, ohne sich zu rühren, stand vor mir und duftete. Mir war, als sähe ich zum erstenmal eine Rose. Ich zog das Glas zu mir heran. „Weißt du, Rose, was mit uns geschieht? Wo hast du deinen Duft her? Aus der Erde? Aus dem Wasser, der Luft? Und woher deine Schönheit? Die kann niemand beschreiben, niemand begreifen. Mit wieviel Blättern hast du dein Herz umhüllt? Dein Inneres läßt du nicht sehen, als würde es durchs Menschenauge beschädigt. Hätte der Gärtner dich nicht von deiner Wurzel getrennt, blühtest du weiter, bis deine Zeit gekommen wäre. – Deine Zeit. – Jetzt bist du ein Pilger wie ich. Verdienen wir das alte, fromme Wort?“

Die Rose sagte: „Und du? Auch du versteckst dein Herz. Und deine Wurzeln? Deine Zeit?“

„Der Niger“, sagte die Stewardeß im Vorbeigehen.

Niger. Was für ein Wort! Blitzschnell faltete es sich auf. Gab große, uralte Bilder frei. Fing mit dunkler Stimme an zu singen.

Seltsam, wie sie sich manchmal auf geheimen Anruf in deiner hohlen Hand versammeln, ein halbes Leben und die halbe Welt. Ein paar Atemzüge lang hielt ich sie so, Auge in Auge mit der Rose, dem Wunder.

Es war jetzt zwei Stunden nach Mitternacht. In den Ohren knackte es. Wir verloren rasch an Höhe. Die Tafel über der Tür zur Kanzel wurde hell. „Anschnallen!“ Schon waren wir überm Meer, schwenkten an die Küste zurück, die Sklavenküste.

„Darf ich sie mitnehmen?“ fragte ich die Stewardeß. Sie erlaubte es. Mit der Duftwolke in der Hand ging ich über den Flugplatz zum Empfang. Dort stand der Freund mit seiner jungen Frau. Ich gab ihr die Rose. „Aus Deutschland?“ Ich nickte. Sie küßte sie, wie man einen Menschen küßt.

Unterwegs in der Bibel

RICHARD WOLF

VON GOTTES FREUNDLICHKEIT

240 SEITEN. GROSSDRUCK. GEBUNDEN.

Vom gleichen Verfasser erschien im Bahn-Verlag „Von Gottes Freundlichkeit, Unterwegs in der Bibel". Im Vorspruch sagt Richard Wolf: „Da, wo ich vor 78 Jahren zur Welt kam, im Schlesien des Jakob Böhme und des Joseph von Eichendorff, war die Bibel kein Sonntags-Buch. Manchen Abend kamen die Nachbarn, darunter auch ein Bauer, ein Baptist, in unsere Stube und beredeten die alten Geschichten. Nicht alle seien alte Geschichten, hieß es, sondern solche von gestern und heute. Auch von morgen, wie die Offenbarung. Ich war ein Kind, saß dabei. Nicht wenig von jenen Gesprächen ist in mir hängengeblieben!" Und so meint der Verfasser von „Von Gottes Freundlichkeit": Die Bibel darf nicht bloß ein Sonntags-, ein Feiertags-Buch sein. In über hundert Schriftstellen weist er die Aktualität des Alten und Neuen Testamentes nach. Eine große Zahl von Lesern und Leserinnen, denen der Alltag keine Zeit zur Besinnung, erst recht nicht zu systematischer Bibellektüre läßt, hat den Autor wissen lassen, daß „Von Gottes Freundlichkeit" seinen Platz auf ihrem Nachttisch hat und jede Seite sie zurückführt in die Stille, in die Besinnung auf unser Wo und Wohin.

FRIEDRICH BAHN VERLAG KONSTANZ